读懂恋人心

如何在未知中**相爱**，
在懂得后**相守**

[美] 阿米尔·莱文（Amir Levine） 雷切尔·S.F. 赫勒（Rachel·S.Heller）◎著
刘 静 ◎译

SPM
南方出版传媒
广东人民出版社
·广州·

图书在版编目（CIP）数据

读懂恋人心 / (美) 阿米尔·莱文，雷切尔·S. F. 赫勒著；刘静译. －广州：广东人民出版社，2012.7

ISBN 978-7-218-07810-6

Ⅰ. ①读… Ⅱ. ①莱… ②赫… ③刘… Ⅲ. ①恋爱心理学－通俗读物 Ⅳ. ①C913.1-49

中国版本图书馆CIP数据核字（2012）第127538号

Dudong lianrenxin

读懂恋人心

[美]阿米尔·莱文　雷切尔·S. F. 赫勒　著　　刘静　译　

出 版 人：金炳亮

策　　划：中资海派
执行策划：黄　河　桂　林
责任编辑：肖风华　梁　茵
特约编辑：张　允　赖利芳　戴圆圆
版式设计：张　英
封面设计：刘潇然　谈志佳

出版发行：广东人民出版社
地　　址：广州市大沙头四马路10号（邮政编码：510102）
电　　话：（020）83798714（总编室）
传　　真：（020）83780199
网　　址：http：//www.gdpph.com
印　　刷：深圳市雅佳图印刷有限公司
书　　号：ISBN　978-7-218-07810-6
开　　本：787mm × 1092mm　1/16
印　　张：14.5
字　　数：187千字
版　　次：2012年7月第1版　2019年9月第6次印刷
定　　价：32.00元

如发现印装质量问题，影响阅读，请与出版社（020-83795749）联系调换。
售书热线：（020）83790604　83791487　**邮　购：**（020）83781421

Attached

The New Science of Adult Attachment and How It Can Help You Find-and Keep-Love

要想获得独立和幸福，就必须找到一个可以依恋的人，

和这个人相濡以沫，共度一生。

致中国读者信

DEAR CHINESE READERS,

THIS BOOK IS A QUICK AND SURE GUIDE FOR GREAT RELATIONSHIPS. USE IT TO HELP YOU MEET PROSPECTIVE PARTNERS, DETERMINE IF THEY ARE THE RIGHT MATCH FOR YOU, GET MARRIED TO A GREAT GUY OR GAL AND HAVE A FABULOUS LIFE.

MAKE YOUR FUTURE OR CURRENT RELATIONSHIP HAPPY AND PROSPEROUS, ALL WITH THE HELP OF ATTACHMENT SCIENCE!

YOURS,

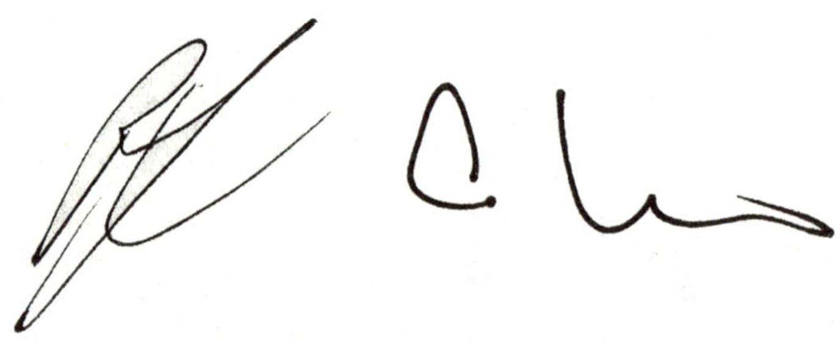

亲爱的中国读者：

《读懂恋人心》可以引导你迅速而准确地找到合适的恋人。利用书中的内容，你能寻觅到未来的伴侣，确定他们是否与你合适，拥有完美的婚姻，并一生幸福。

依恋科学，让你现在或未来的恋情幸福美满！

雷切尔·S.F.赫勒　阿米尔·莱文

推荐序

陶思璇
著名心理专家
陶氏英合首席签约专家

智慧的心选择舒适人生

我的老师最常说的一句话就是“一切都是最好的安排”。这句话也常常在我的生活中得到应验，例如这次为这本书写序的邀请。

收到书稿的当天完全没有时间去阅读，只是匆忙扫了一眼，直觉觉得这本书值得阅读，所以就接受了这次工作邀请，答应为这本书写推荐序。

随后就是一通忙碌，除了工作，还包括承担一位好朋友的情感烦恼，和本书作者一样，我这个心理师也遇到了和作者一样的麻烦：自己的朋友陷入一段糟糕的亲密关系中，眼看着这个聪慧过人的女生因为他而变得越来越封闭、越来越神经质，整天疑神疑鬼，嘴里唠叨的除了他还是他，和之前那个悠然大气的女生判若两人。

很显然，我的这位女友属于焦虑型依恋风格，而她爱上的那个人，则属于典型的回避型依恋风格。当焦虑型依恋风格遇到回避型依恋风格，痛苦的一定是焦虑型依恋风格的人，回避型依恋风格的人也许会觉得烦恼。

学过心理学专业的人，尤其是发展与教育心理学专业的人，都很熟悉依恋风格这个名词，在成人的关系中，依恋风格依然会持续体现，也是一个常识，并不新鲜，但让人耳目一新的是，本书的作者没有作壁上观，告诉读者应该向圣人学习，在日常生活中、在自己的亲密关系中去扮演一个治疗师的角色，除了做自己成长，还要帮助伴侣成长，而是很客观地给出他们的温暖建议：离开回避型依恋风格的人，去和安全型依恋风格的人恋爱结婚，那样你的生活状态会截然不同。

书中给出了很多的测试题，读者可以在阅读的时候逐项完成，相对客观、准确地了解自己、伴侣各自属于哪类依恋风格，自己可以做哪些调整和改变。

我们通常都会选择熟悉的，而不是让自己感觉舒适的，即使那个熟悉是一种伤害。焦虑型依恋风格、回避型依恋风格原本就来自于原生家庭，是早期的成长经历所致，如果我们没有获得很好的处理，在成人之后，会继续沿用以往的关系互动模式，会继续寻找那个非常熟悉的却并不让我们感觉舒适的关系状态，也就是此书所讲的依恋风格，让自己继续痛苦。之所以会这样，是因为我们的潜意识里一直想要试图改变自己的父母，试图改变他们对待自己的态度。

一个心智成熟的人，一颗智慧的心灵，则懂得为自己选择舒适的，而不是熟悉的。也许那个关系互动模式对自己来讲还不是非常熟悉，但那个关系互动模式能够让自己感觉舒适，例如焦虑型依恋风格的人离开回避型依恋风格的人，转而去寻找一个安全型依恋风格的人，关系模式情感质量都会大不一样。

熟悉自己的依恋风格，去寻找合适自己、让自己感觉舒适的人，是一种智慧，需要不断地学习和成长。

陶思璇老师介绍

北京师范大学应用心理学博士研究生
师从心理学家陈向一教授
国家心理咨询师、家庭治疗师、两性情感专家
15 年情感关系研究，5 年临床咨询经验

曾为资生堂、美赞臣、辉瑞制药、美国箭牌、宝洁多芬、中国移动、凤凰网等知名企业提供讲座、培训，开办“发现你的潜意识，启动生命能量”身心灵自我成长生命管理系列课程，为很多人带去关于幸福、快乐、爱的分享。

陶氏英合公司介绍

陶氏英合咨询（北京）有限公司（www.taosway.com) 是国内首家专业化运作、多元化发展的专家(培训师)运营机构。旗下有包括陶思璇、方刚、金颖、杨谨、徐青林、纪佳蓉等国内知名专家，公司业务涵盖高端客户一对一心理咨询、家庭治疗、专家经纪、企业 EAP、项目运营、出版事业，生命管理品牌课程。

倾情推荐

畅销书《男人来自火星，女人来自金星》作者 约翰·格雷博士

一本开创性的著作，重新定义爱情的内涵。

《科学美国人》总编 玛丽艾特·迪克里斯蒂娜

这本书非常棒。内容简洁易懂，富有启发性。不管你是刚刚进入一段恋情，还是已经结婚20年，认为自己已经彻底了解爱人，这本书的建议都会对你有所裨益。

畅销书《重塑人生》作者 珍妮特·克洛斯科博士

这本书令我爱不释手。它能够让读者明白自己为什么坠入爱河，怎样改善自己的爱情，享受甜蜜满足的关系。阅读这本书是一种不停的享受。

《出版商周刊》

本书教你读懂自己和恋人的依恋风格，并且提醒人们与哪些人相爱会付出代价，同时教会读者一些突破隔阂的交流技巧。

《科克斯书评》

对于寻找真爱、保鲜感情提供了实用的、有趣的指导。

想谈恋爱的人都需要读这本书　Matthew，澳大利亚

我真诚推荐每一个谈恋爱的人都看一看《读懂恋人心》，它让你转角遇到爱。想了解自己的恋爱、别人的恋爱为什么不顺畅，也需要读这本书。我已经把它推荐给自己的朋友，并且送给5个曾经的恋人。

它来得正是时候！　M，巴西

我一直不解的问题终于从《读懂恋人心》中找到答案。每读一章，我都对自己说：天哪，这说的不就是我吗！这书来得正是时候，我正好想了解自己的依恋风格和恋爱言行。如果不是刚好读到这本书，我又会陷入一场错误的恋爱关系中。谢谢两位作者！

我不是非他不可，我还有很多机会！　Sare，沙特阿拉伯

遇到《读懂恋人心》之后，我知道我还有别的选择，原来我不是非他不可，我还有很多机会！这对我来说真是天大的安慰。谢谢两位作者写了这么棒的书。我现在更爱我自己了，并且重新燃起了希望。

准恋爱、恋爱群体必读书　C. Toenyes，美国

我大学本科和研究生读的都是心理学，并且花了很多年研究临床心理治疗。以我大量的专业书阅读经验来看，依恋理论一直都局限在亲子依恋的领域。因此，看到《读懂恋人心》后我觉得眼界大开，它比过去十几年的教育都让我受益。人生中第一次我理解了过去与我约会的人之所以有种种令人费解的表现，原因在于他们是回避型的依恋风格。这本书实在太伟大了，我觉得它应该成为每一个从青春期开始的准恋爱、恋爱群体必读书。

作者解释得很到位，也很易懂　Mellaril，美国

看完《读懂恋人心》后，我理解了自己高中时代的那段恋情，并且知道了自己的依恋风格可以回溯到幼年时的经历。我对于不同依恋风格的成因特别好奇，作者解释得很到位，也很易懂。另外，我以前看到过一个研究的结论，提到边缘人格有一种特定的依恋风格，结合书里的内容，边缘人格对应就是焦虑 - 回避型依恋风格。

相信它能带我找到真命天子　mnsesq，美国

我是一个具备典型的焦虑型依恋风格的人。书里提到这种类型的依恋风格可能会爱上一个回避型的人，这让我感到忧虑，不过书里同时也说到，可以有意识地找到一个安全型依恋风格的人，他们是焦虑型人士的完美恋人，与安全型在一起更能获得爱情和婚姻的幸福。

这是一本很棒的书！　Steve Burns，美国

无论你正等待奇妙的命运邂逅，或是正处在约会初期，还是正在进行一场纠结无果的恋爱，《读懂恋人心》都能给你十分有益的解决方案！作者精辟地解释了依恋理论，不仅仅是从科学的角度，而且来自大量的现实案例，阅读的过程充满启发与顿悟。

恋爱人士的圣经　Karen，美国

让人如沐春风：大量的科学研究和真实案例，轻松地诠释出依恋理论的真谛。如果你想理解自己或他人在恋爱中的表现，或者正在约会、正准备分手，《读懂恋人心》将给你有益的指导！

目 录

卷首依恋测试 1

你了解自己的依恋风格吗

花 2 分钟测试一下吧！在下面的问卷中，请在符合你的描述项后面画勾。

A 组依恋风格描述

1. 我常常担心我的伴侣不再爱我。

2. 我害怕别人一旦了解真正的我，就会嫌弃我。

3. 我一不恋爱就感觉焦虑，生活像缺了什么似的。

4. 当伴侣不和我在一起时，我就担心他是不是看上了别人。

5. 向伴侣倾诉内心感受时，我担心对方发现我不好的一面。

6. 我经常为恋爱思绪不宁。

7. 我很快就对伴侣产生依赖感。

8. 我对伴侣的情绪变化很敏感。

9. 我担心如果现在的伴侣离开我，我再也找不到爱我的人。

10. 如果和恋人发生冲突，我有时会不假思索地说一些话，做一些事，言行偏激，过后又懊悔。

11. 我担心自己没有魅力。

12. 如果我发现喜欢的人不喜欢我，而喜欢别人，我会感到万分难过。

13. 如果我的伴侣表现有些冷淡疏远，我会怀疑是自己做错了什么事。

14. 如果我的伴侣想和我分手，我会用尽一切办法，让他知道放弃我是他的错（给对方施加心理压力）。

B组依恋风格描述

1. 我容易和伴侣接近。

2. 依赖伴侣使我感到安心。

3. 我对自己的恋情基本满意。

4. 我在恋爱中感到没有什么压力。

5. 我很容易和伴侣沟通自己的需要和想法。

6. 我相信大多数人本质上都是诚实可靠的。

7. 我可以安心地与伴侣分享思想和感受。

8. 即使与伴侣发生争吵，我也不会全盘否定我们的感情。

9. 我的情感生活波澜不惊，以至于别人有时候认为我有些无趣。

10. 和别人意见不一致的时候，我也能心平气和地表达。

11. 如果我发现喜欢的人不喜欢我，而喜欢别人，内心不会受到很大折磨。我也许会感觉有些吃醋，不过很快这种感觉就过去了。

12. 如果我的伴侣表现有些冷淡疏远，我会想一想原因是什么，然而我知道他的表现也许不是因为我。

13. 如果交往了几个月的伴侣想和我分手，我一开始会感到受伤，但是也能够较快恢复。

14. 我可以和前任继续做普通朋友，毕竟我们有许多共同点。

C组依恋风格描述

1. 我发现我分手后心情很快就平静下来。我很惊讶自己能够这么快忘记一个人。

2. 看到伴侣伤心的时候，我感觉很难给他情感上的支持。

3. 对我来说，独立比恋情更重要。

4. 我不愿意和伴侣分享内心深处的感受。

5. 我发现自己很难全身心依靠伴侣。

6. 有时候，我会冒出一些无名火，让伴侣感到不知所措。

7. 跟稳定的恋爱相比，我更喜欢不用承担责任的性爱。

8. 当伴侣与我过分亲近的时候，我会感到不安。

9. 我的伴侣常常希望我更亲近一些，但是我不想那么亲近。

10. 和伴侣分开的时候，我会想念；在一起的时候，我却想逃离。

11. 我讨厌被人依靠的感觉。

12. 如果我发现喜欢的人不喜欢我，而喜欢别人，我感到如释重负。这意味着他不会缠着我不放。

13. 如果我的伴侣表现有些冷淡疏远，我会感觉无动于衷，甚至如释重负。

14. 在如愿以偿地和追慕已久的人在一起之后，我感觉兴味索然。

* 改编自弗雷利、沃勒和布伦南 2000 年发表的《修订版亲密关系问卷》。

现在统计一下你的各组画勾数目：

在 A 组依恋风格描述下画勾的总数：＿＿＿＿＿＿

在 B 组依恋风格描述下画勾的总数：＿＿＿＿＿＿

在 C 组依恋风格描述下画勾的总数：＿＿＿＿＿＿

统计完毕 A、B、C 各项的总数之后，数目最多的那一项表明你的依恋风格。A 项最多，说明你是焦虑型依恋风格；B 项最多，说明你是安全型依恋风格；C 项最多，则说明你属于回避型依恋风格。

焦虑型：你喜欢和恋人在一起，亲密无间，渴望深层的亲密关系。然而，你常常处在不确定中，担心恋人和你不够亲近。情感问题消耗了你的大部分心力，让你疲倦。你容易察觉出感情生活中的细微波动，对恋人的情绪和行为非常敏感。在许多情况下，虽然恋人的情绪确实和你感受的一样有波动，但不一定如你所想是你造成的。在恋情中，你经常给自己消极暗示，情绪波动严重。有时候，你很冲动地说话做事，给恋人带来伤害，也让感情受损，当你意识到自己的负面情绪时，你又会感到懊悔。要是恋人能给你足够的抚慰和安全感，你就会感到很放松，心满意足。

安全型：恋爱中，你会自然而然地充满温情和爱意。你喜欢和恋人亲密无间，通常不会对你们之间的关系忧心忡忡。对待恋爱中的风波，你处之泰然，不会轻易心烦意乱。你可以畅通无阻地与恋人交流自己的想法和心情，也愿意聆听恋人倾诉，理解恋人的心情，并与之合拍。你乐于和恋人分享自己的成功或失败，恋人遇到困难的时候，你会全力支持。

回避型：你认为独立、自由比亲密的恋情更加重要。其实，你也需要亲密关系，你只是不愿意太过亲近，喜欢与恋人保持一点距离。你丝毫不担心感情问题，不怕被拒绝。你不容易向恋人袒露心迹，这使得对方感觉你有些疏远。在恋爱中，一旦恋人表现出亲密的愿望，或者逾越了你个人自由的界限，你就会警觉起来。

卷首依恋测试 2

你了解恋人的依恋风格吗

下面这个问卷也是给你做的，完成之后，很快就能判断恋人的依恋风格。问卷包括三组内容，每组都列出了恋人的若干性格特点，列举一些生活习惯。

在读完每一项性格特点之后，请根据你们的日常交流和言行，来判断恋人是否符合这项描述。请在符合描述的项目下画勾。注意，只要你的恋人在多数情况下都符合某项性格特点，那么他就符合这项性格特点。还有，如果恋人的行为符合某个例子，也应该认为他符合这个特点。

A 组依恋风格描述

1. 在恋情中需要大量亲密感。

- 在开始恋爱的时候，就答应一起度假、同居、或整天粘在一起（不一定是他提出这样的要求）。
- 非常喜欢身体的接触，比如拉手、爱抚、亲吻。

2. 缺乏安全感，害怕被拒绝。

- 盘问你的过去，把自己和你的前任相比较。
- 试探你对前任是否余情未了。
- 为了让你高兴，什么都愿意做。

- 害怕你不再爱他，或对他失去兴趣。

3. 没有恋人就不开心。

- 即使他不说，你也能感觉到他非常想找个人恋爱。
- 有时候，和他约会就像接受“未来配偶”面试。

4. 为了抓住你的心，而玩弄一些感情把戏。

- 你几天不打电话，他装出毫不在意的样子。
- 假装很忙。
- 为了让你对他产生更大兴趣，而试图操控一些局面。

5. 不说明自己为什么事生气，让你猜测。

- 以为你能察言观色，等着你发现他在生气。如果你没注意到，他就怒火发作。

6. 发泄怒气，而不想怎么解决问题。

- 争吵的时候，胁迫你分手，之后又后悔。
- 从不说自己想要什么，而是积许多怨气，最后一起向你发作。

7. 把恋情中的所有摩擦，都看成你对他的不满。

- 他举办一次派对，你加班不能参加，他认为“你就是不想见我的朋友”。
- 回到家你感觉累了，不想说话，他认为“你再也不爱我了”。

8. 为了避免被拒绝或受伤害，不主动向你表白。

- 你给他打电话，他才给你打电话；你向他表达爱意，他才向你表达。不敢冒一点受伤的风险。

9. 对恋情高度重视，心思完全被它占据。

- 约会结束后，你累了回家睡觉。而他回去和朋友们分析讨论你们见面的每一个细节。
- 你们不在一起的时候，他不停地打电话发短信，或者突然冷淡下来，一个电话都不打，一条短信也不发。

10. 害怕你由于一些小事嫌弃他，认为自己必须非常努力，才能维持你们的爱。

- 对你说“我今天给你打了这么多电话，你是不是感到很烦啊”，或者“在你家人面前我没表现好，他们一定不喜欢我”。

11. 怀疑你不忠。

- 找到你的密码，检查你的邮箱。
- 对你去哪里高度警觉。
- 检查你的个人物品，寻找你不忠的证据。

B组依恋风格描述

1. 忠实可靠，言行一致。

- 守信，说什么时候打电话，就一定会打来。
- 不轻易取消做好的计划。如果实在没办法，会提前告诉你，向你道歉，同时提出另一个弥补的计划。
- 从不食言。做不到的事情，会认真解释。

2. 有事和你一起谈，不做单方面的决定。

- 遇到麻烦会和你讨论，在听完你的意见之后，才做决定。
- 做计划的时候，考虑你的喜好和想法，不自以为是。

3. 对情感态度豁达。

- 不执着于寻找某特定类型的恋人，比如一定要某个年龄，一定要某种外貌。
- 接受恋情带给生活的变化，例如一起居住，使用同一个银行账号。
- 不对异性进行偏激的评价和绝对的概括，例如“所有的男人都是好色之徒”,“所有的女人都喜欢高富帅”,或“一旦结婚人就变了”。

4. 能顺畅交流感情问题。

- 当你问到两人的感情状态或未来时，即使他的回答不一定让你高兴，他也不反感这类问题。
- 不高兴时会告诉你原因，不发无名怒火，不让你瞎猜。

5. 两人发生争吵时，愿意面对问题。

- 尽力去了解你为什么事情生气，努力解决问题。
- 发生误会的时候，不争论谁对谁错，而是想着怎么解决问题。

6. 不害怕承诺和依赖。

- 不担心你侵占他的个人空间，或者损害他的自由。
- 不怕恋人“骗”他结婚，花他的钱等。

7. 不把感情当成苦差。

- 不强调自己为感情付出了多少，牺牲了多少。
- 即使生活环境不如意，如工作繁累，也愿意开始一段感情。

8. 亲密之后，更加亲密。

- 在深入的情感对话之后，让你感觉安心，给你心理支持。不会突然间变得冷淡。

- 亲密之后，他对你说你对他很重要，而不只是谈论性快感。

9. 介绍朋友家人和你认识。

- 让你进入他的朋友圈。也许并不主动要你去见他的家人。然而，只要你提出想见他家人，或者请他见你的家人，他都会很乐意。

10. 情感表达自如。

- 经常告诉你他对你的心意。
- 不吝惜“我爱你”这三个字。

11. 不玩感情游戏。

- 有话说清楚，不让你瞎猜，不故意做让你吃醋的事情。
- 不计较谁付出的更多，不认为“我已经打了两次电话，这次该你打了”，或者“上次你让我等了一天，这次我也让你等一天”。

C组依恋风格描述

1. 对你若即若离。

- 时而冷漠，时而亲近（让你欲罢不能）。
- 有时打爆电话，有时不打电话。
- 有时候展望两人的未来，说：“我们一起住的时候，一定要……”有的时候，又表现出你们之间没有未来的样子。

2. 极度重视独立，轻视依赖感。

- 说“我需要更多个人空间”。
- 说“我工作太忙，没时间认真考虑情感的事”。
- 说“我不会和依赖感强的人在一起”。

3. 嘲笑你，贬低你，或者贬低前任（开玩笑地嘲笑和贬低也算）。

- 拿你看地图的窘态开玩笑，或者说你又矮又胖真“可爱”。
- 说以前喜欢某人，一段时间之后，就因为对方外貌缺陷而心生嫌弃。
- 曾对前任不忠。

4. 设法在情感和身体方面与恋人保持一定距离。

- 和前任有 6 年恋情，但一直分居。
- 在家分床睡觉，或者坚持分开盖各自的被子。
- 喜欢一个人度假或旅游。
- 对两人的未来不做计划。你们下次什么时候见面、什么时候搬到一起住，他都不提。
- 走路时，不和你并排走，一定要走在你前面，保持一段距离。

5. 和恋人保持分明的界限。

- 从不邀请你去他家，总是在你家见面，也不让你见他的朋友。
- 让你感觉他的家人朋友都与你无关。

6. 对爱情有不切实际的浪漫幻想。

- 满怀期待地谈起自己理想中的完美伴侣。
- 把前任完美化，不解释上一段感情哪里出了问题。
- 说“我永远也忘不了前任，以后再不可能那么爱另一个人了”。

7. 不信任恋人，总觉得恋人在利用他。

- 认定恋人都想“骗”其结婚。
- 害怕恋人在经济方面占便宜。

8. 关于恋爱，有一些固执的看法，让你必须遵守。

- 成为其恋人的条件：非常英俊、非常漂亮、一定要瘦，或者一定要皮肤白等。
- 认定人应该只恋爱不结婚，永远都应该分开居住。
- 对异性抱有绝对的看法，例如评价说“所有的男人都好色”，“所有的女人都拜金”，或者说“一旦结婚，人就变了”。
- 不爱打电话，即使你的主要联系方式是电话，对方也不肯屈就，从不打电话。

9. 发生争吵的时候，回避问题，或者情绪火爆。
   - 说“快别说了，我不想听”这类的话。
   - 气得一阵风一样离家出走。

10. 不说清自己的意思，让你猜。
   - 和你交往很久，从来没说过“我爱你”之类表达心意的话。
   - 说自己计划出国一年，却不谈这件可能影响到你们感情的事。

11. 不和你谈心，不谈你们的感情现状。
   - 你问他对未来有什么打算，他的反应，让你感觉你不该问这个问题。
   - 你跟他讲自己感到困扰，他说“对不起”，然后就没了下文。
   - 他有避讳的话题，这些事你在他面前绝不能提起。

现在统计一下你的各组画勾数目：

在 A 组依恋风格描述下画勾的总数：____________

在 B 组依恋风格描述下画勾的总数：____________

在 C 组依恋风格描述下画勾的总数：____________

统计完毕A、B、C各项的总数之后，数目最多的那一项表明你恋人的依恋风格。A项最多，说明恋人是焦虑型依恋风格；B项最多，说明恋人是安全型依恋风格；C项最多，则说明恋人属于回避型依恋风格。

如果你的恋人有两组画勾数目都比较多，那两组大约是A组和C组，它们分别代表着焦虑型和回避型。这两种依恋风格的某些外在行为表现相似，但是内在动机不同。如果遇到这种难以确定的情况，请参考正文中相关章节的“黄金法则”，做出最接近事实的判断。

焦虑型恋人：只要你愿意了解他的内心想法，你会发现焦虑也不全是一件坏事。你的恋人渴望亲密的感情，一旦发觉感情受到哪怕一丝一毫威胁，他就会认为发生了天大的事情。有时候，你无心的举动被他夸大，觉得感情出现了问题，于是他心情变得非常恐慌。糟糕的是，他不太善于和你交流内心的感受。他以为发脾气和吵闹能解决问题，不料却造成你的不快。结果就是，他感到心情沮丧，你们之间的感情进入恶性循环。这种情况听起来非常可怕，不过你不必担心。只要你细心一点，平息他恐慌的内心，他就会倾心于你，对你充满爱慕和依赖。一旦你满足他对于安全感的基本需要，他敏感的心就会转而关注你需要什么，尽心尽力地辅助你。更棒的是，随着你们关系的改善，他会渐渐知道怎么更好地与你交流，你也就越来越用不着猜测他的心思。

安全型恋人：你的恋人喜欢亲密关系，同时不会过于敏感，不总是担心被你抛弃。他善于交流自己的想法，方式直接而温和。和这样一个人恋爱，你无需要求他对你亲近，因为他本能地就会和你亲近。你们二人可以放松心情，享受恋爱。你的恋人愿意聆听你的看法和意见，以两个人都能接受的方式做事。他天生知道爱情的真谛在于你中有我，我中有你，你的利益就是我的利益，反过来也是如此。由于恋人具有这些优点，你可以自由地做你自己，不必紧绷心弦。这种放松而亲密的关系，有利于你的幸福安康。

回避型恋人：你的恋人不像安全型和焦虑型恋人一样渴望亲密关

系。他的大脑与其他类型相比，并没有异常之处，他其实也需要关怀、需要爱。只是太过亲密的关系会让他感到束缚。他的日常言行，比如对某个电视节目的坚持、对育儿方式的坚持，其实都是对个人空间和独立的坚持。他坚持的结果往往是你不得不妥协。如果你不妥协，他就会缩回自己的世界，把你拒于千里之外。研究结果表明，回避型恋人几乎从来不和同类谈恋爱，因为这样的两个人处不到一块儿去。

本书导读

走出感情泥泞，迎来爱情新天地

单身男女，不用再徘徊了，本书将告诉你怎样找到甜蜜的爱情；恋爱中的人，也不用再纠结，本书将帮助你更加享受恋情。

读完第Ⅰ章，你会对依恋理论有初步了解。接下来，我们将与你分享如何应用。首先，你要找到自己特有的恋爱基因，也就是说依恋风格。然后，你会知道自己应该找一个什么风格的恋人，我们会给你一些方法，分析别人的依恋风格。这两章内容很关键，它们会让你清楚自己的恋爱观，知道哪些人符合你的依恋风格，哪些人不适合交往。书中给出的建议都是循序渐进的，很容易实践运用。

在本书第Ⅲ章，我们将详细分析每一种依恋风格，帮助你理解每种依恋风格的心理和行为特点。读完这一部分，你将能以全新的视角看待自己和朋友的感情生活。

第Ⅳ章的内容富有警示意义。在这一章，你将了解到，与一个依恋风格和自己迥异的人谈恋爱将付出怎样的惨重代价。当焦虑型碰上回避型，会出现哪些问题？坚持这样一段感情，要付出怎样的代价？这些问题的答案有待你找寻。如果你正在这样一段恋情中苦苦挣扎，本章内容有助于你走出迷津。焦虑型恋人和回避型恋人有着各自的软弱和需求，而两者之间的需要经常会发生冲突。即便如此，这样的恋情也不是毫无出路。通过一系列具体的方法，两个人的关系可以朝更稳定的方向发展。如果一段感情让你疲惫，你想结束这段恋情，那么你可能会遇到一些分手的障碍，感觉心有余而力不足。这种情况下，本书也将帮助你度过分手后的情感恢复期。

在本书最后一章，我们为你剖析安全型恋人值得借鉴的恋爱优势。通过安全型技巧，你能够让恋人或配偶听进你所说的话。你可以清楚地表达自己的需要，毫不丧失自己的力量和尊严，同时让伴侣感觉到你对他的尊重。你会发现，伴侣作出的回应，与以前比也大有改观。据总结，安全型恋人经常使用五种方法解决冲突。通过逐步练习，你也能够掌握这些方法，以解决潜在的感情问题。如果你是焦虑型或回避型依恋风格，这几章内容对你来说意义重大，因为它会帮助你保持恋情健康，让你和伴侣都从中获益。如果你是安全型依恋风格，本书也能教给你一些技巧，使你的恋情锦上添花，更加甜蜜。不仅如此，通过学习并掌握这些技巧之后，你在生活的各个方面都会更加顺利，如鱼得水。

依恋在我们生活中具有强大的力量。认识这种力量，并妥善地运用它，一定会令我们的生活焕然一新，呈现出崭新的面貌。我们希望，你能通过阅读本书获益，尽快走出感情和生活的泥泞现状，迎来自己的爱情新天地！

第 I 章

初遇依恋，爱情原来是这么回事

The New Science Of Adult Attachment

为什么我越想靠近，他越是远离？

为什么我每次恋爱都无法长久？

恋人之间也该保持独立而不能彼此依赖吗？

让依恋新科学带你揭开爱情面纱，转角遇见真爱！

第1节

突破感情迷雾，让爱拨云见日

Decoding Relationship Behavior

担心魅力不够 怕他变心　　每次恋爱都是无果而终　　结婚多年 他依然不懂我的心

“他到底有没有爱过我？”　　依恋基因进化论　　安全型 焦虑型 回避型

- 才恋爱两个星期，我已经身心疲惫。我总在担心男朋友认为我没有魅力，每天都焦虑地盯着手机，猜测他会不会打电话过来。我知道，我的自卑、焦虑、不安以及对于感情的悲观预期，会再一次毁掉这一段感情。
- 究竟哪里出了问题？我头脑灵活、相貌英俊、事业有成。作为男人，我可以为女人提供很多东西。我谈过几个相当优秀的女朋友，可每次恋爱，不出几个星期，我就对她们兴趣尽失，感觉自己受到了束缚，失去了自由。找个合得来的女朋友有这么难吗？
- 我已结婚多年，却深感孤独。我丈夫从来不和我谈心，也不谈我们的关系。最近，事情变得更糟了。几乎每个工作日，他都加班到很晚。周末，他不是和朋友去打高尔夫，就是自己闷坐在屋里看体育节目。没有办法改善目前的状况，拉近我们的距离。也许我一个人过会更好。

上述每个案例都透着当事人内心深处隐秘的痛苦，触及他们不可言说的伤痕。关于感情，从来没有哪种理论能解释一切问题，也没有哪种方法适合所有人。每个人的经历都是独特的，遇到感情问题，有无数可能的深层原因。要理解一个人的感情世界，就意味着需要全面深入地了解这个人：成长经历、恋爱经历、性格类型，生活的其他方面……心理学家了解这些情况后，才能针对其感情问题提出真正有用的意见。

作为心理专家，我们也曾经运用这种传统的方法来帮助人们处理情感问题。直到有一天，我们发现了一种新的科学理论。它像一阵风，吹散了爱情的迷雾。上面三个案例乍看起来毫无头绪，但这种新理论却给出了清晰明了的解释。同时，这个理论还能解释生活中许多看似复杂的情感纠葛。

为什么她越靠近，他越远离

启发我们的是身边朋友的亲身经历。我们的朋友塔玛拉经历过一场刻骨铭心的恋爱，最后落得伤痕累累。这个故事也许会对你有所启发。

我期待亲密，他急于逃离

故事始于一场浪漫的邂逅。那天，我行色匆匆地走过格林尼治大道，无意间看见一个男人坐在路边的长椅上。他外貌英俊，眼神清朗，一下子就吸引了我的注意力。他就是格雷格，我没想到我们的生活会有那么多纠缠。

几天后，我们一起出去吃饭，当时还有几个朋友。当我们的目光相遇时，我能感觉到他眼里的爱意，这让我心跳加速。他的话里流露出想和我在一起的意思，我因此心醉神迷。他让我觉得人生不再孤单。他说："塔玛拉，你不要总是一个人待在家里，你可以到我这儿来。""你随时可以给我打电话。"这些话抚慰了我，让我感到心有所属，不用再一个人面对世界。如果我再细心一点，其实可以听出弦外之音：他不想和我太亲近，而且害怕做出承诺。好几次，他提到自己从没有过稳定的恋爱。不知为何，他轻易厌倦身边的女人，感情上总不能安定下来。

我隐约感到哪里出了问题。但当时被热恋冲昏头脑，我看不清他的性格倾向会对我产生什么影响。一个强烈的信念控制了我：爱情能够战胜一切，正如大家从小就相信的一样。就这样，爱情的冲动战胜了理智的防线。对我来说，只有和他在一起才是最重要的事。就在这时，他性格中不安定的因素浮出水面。我没有重视他的变化，并且坚信自己能让他安定下来。结果证明，我错了。我离他越近，他就越若即若离，越不像原来的他。他开始说：太忙了，晚上不能见我；整个星期都很忙，周末才能见面。我虽然嘴上不说，但心里知道出了问题。到底是什么问题呢？

我忐忑不安，开始感到焦虑。我小心翼翼地观察他的去向，对他的一举一动都非常敏感，生怕他忽然提出分手。然而，格雷格一面用明显的行动表达他的不耐烦，一面又对我表示爱意，向我道歉。我们也没有闹到要分手的地步。

我们之间的感情起起伏伏。终于，我崩溃了。我失去了自己的判断力，每天魂不守舍。为了等他的电话和约会，我不再和其他朋友见面。我以前热衷的事情，现在也提不起丝毫的兴趣。不久后，这段感情如同绷紧的橡皮筋，难以承受巨大的张力，痛苦地戛然而止。

刚开始，作为塔玛拉的朋友，我们看到塔玛拉遇到心仪的对象，都真心为她高兴。然而，随着他们感情的发展，塔玛拉越来越失去自我，这让我们非常担忧。她以前充满活力，现在却焦虑不安。她一颗心放在格雷格身上，要么大部分时候在等他的电话，要么就忧心忡忡地幻想他们的未来。塔玛拉再也不能像以前那样和我们愉快地相处。不仅如此，她的工作表现也受到了负面影响，她自己都觉得，再这么下去可能会失业。

在我们看来，塔玛拉一向性格坚韧，能从容地应付生活中的变化。看到她变成这样，我们不禁怀疑她是否真有那么坚强。她自己清楚格雷格过去的每段感情都不长久，也知道他的性格变幻无常，她甚至说分手之后她可能过得更开心。不过，她还是没有足够的勇气离开他。

塔玛拉原本是一位成熟聪慧的女性。她如此一反常态，性格大变，让我们这些心理学专家也感到费解。塔玛拉在其他方面都很成功，怎么在恋爱中如此绝望、被动？她能顺利应对生活的其他挑战，怎么遇到格雷格就方寸大乱？还有一件事，也令人困惑不已。格雷格明明是爱塔玛拉的，这一点我们这些旁观者都看得很清楚。可他为什么对塔玛拉若即若离，忽冷忽热？所有这些问题，可能会有很多来自复杂的心理学理论的解释。但真正的答案其实很简单，而且透彻深刻，直指纷扰表象背后的本质。

原来都是依恋风格决定的

塔玛拉与格雷格谈恋爱的时候，本书作者之一阿米尔正在哥伦比亚大学儿童治疗护理中心兼职。在儿童治疗护理中心，阿米尔以儿童依恋理论为依据，帮助亲子之间建立更有安全感的关系。依恋治疗对改善亲子关系的显著作用，鼓励了阿米尔对依恋理论进行更加深入的研究。他研读了著名依恋理论学者辛迪·哈赞（Cindy Hazan）和菲利普·谢弗（Phillip Shaver）见解独到的研究成果。这两人的研究表明，成人依恋与亲子依恋有诸多相似之处。阿米尔阅读大量相关书籍后，发现成年人在恋爱中的表现，多数情况下都符合依恋理论的描述。他意识到，依恋理论对日常生活很有指导意义，能够帮助许多人改善感情现状。

这个发现，让阿米尔激动不已。他立刻给本书的合著作者雷切尔打电话。他说，尽管成人恋爱时的表现看起来纷繁复杂、无章可循，但都能用依恋理论解释。鉴于依恋理论的潜在作用，应该把学术研究和现实案例结合起来，将其转化为可操作的恋爱关系指南，方便人们了解依恋理论，并真正地改善爱情生活。阿米尔的想法得到了雷切尔的积极回应，两人决定一同研究成人依恋理论，探索它在现实中的应用。

与儿童依恋相似，成人依恋主要包括安全型、焦虑型和回避型三种，反映了不同的人对亲密关系的需求，以及与恋人的互动方式：

- 安全型群体在恋爱中的表现，具有温和亲切的特质，最能享受亲密关系。
- 焦虑型群体虽然也渴望亲密关系，却常常忧心忡忡，害怕恋人的爱不能持久。
- 回避型群体则逃避亲密关系，认为亲密关系使他们失去自由，因而总避免与恋人过于亲密。

概括起来，三种群体主要有以下差别：

- 对亲密关系和相依相伴的看法不同。
- 处理矛盾的方式不同。
- 对性的态度不同。
- 表达自身愿望和需求的能力不同。
- 对恋爱关系的期望值不同。

社会中的大多数人，不管是情窦初开的少年，还是白头偕老的夫妻，都可以从这三种依恋类型中找到自己的风格。也有很少一部分人属于后两种类型的结合，即焦虑回避型。在所有人的依恋类型中，有超过 50% 的人属于安全型，大约 20% 的人属于焦虑型，25% 属于回避型，剩下 3% ～ 5% 可以归结于第四种类型，即焦虑回避型。

恋爱中，成人纠葛不清的行为方式确实令人费解。然而依恋理论开辟了全新的视角。成人依恋研究成果卓著，已经有数以百计的学术论文和数十部专著一次又一次地证明，成人依恋不仅存在，而且超越了国家和文化，在世界各地的恋人身上，显示出惊人的普遍性和适用性。

恋人的表现有时让人感到困惑。现在，只要了解他的依恋风格，就很容易理解并预测那些失常的行为。实际上，人们在恋爱中的言行，无论多么不可思议，都受其依恋风格影响。

幼时经历会影响我们的爱恋？

最初，人们认为成人依恋风格主要受幼时环境的影响。幼儿受到父母照顾的状况，直接决定了他以后的依恋类型。也就是说，如果父母关心幼儿，敏感于孩子的情绪，明白孩子的需求，并积极地满足他们，那么孩子长大之后，就是安全型依恋风格。

如果父母心不在焉，对幼儿突然疼爱有加、突然冷落不理，那么孩子以后就会发展成焦虑型依恋风格。如果父母完全漠视孩子，对幼儿的需求不闻不问，那么儿童成年后就是典型的回避型依恋风格。

这些假设看似有理，却并不准确全面。如今，研究结果告诉我们，成人依恋风格的形成有多种影响因素，幼时环境只是其中之一。但还有许多别的因素，包括我们的生活经历，也是关键性影响因素。相关内容在本书第 7 节有详细讲述。

用全新视野看待身边的爱情

了解依恋理论后，我们来回顾塔玛拉的故事。她和格雷格的纠葛像一团乱麻，让人找不着头绪。然而从依恋理论的角度来看，一切都在情理之中。格雷格的种种行为表明，他是典型的回避型依恋风格。他的想法、行为、交流方式都受到回避型依恋风格的制约。其实，格雷格也不想疏远塔玛拉，但他总是忍不住挑她的毛病，惹起争端，使两人关系陷入消极的循环。正是因为他无法摆脱自己的依恋风格，才不由自主地犯下上述错误，一步一步疏远塔玛拉。他爱塔玛拉，却从不在言语间表达。他想靠近塔玛拉，但又感到矛盾，本能地排斥她。他们的感情一波三折，并不是因为“他不爱她”，也不是由于塔玛拉暗自担心的“配不上他”。归根结底，格雷格竭力疏远塔玛拉，只因为塔玛拉太过依恋他，二人的亲密程度，逾越了回避型依恋风格的防线。

同样，塔玛拉在恋爱时的神经质表现，也可以用依恋风格解释。她的行为模式、思维方式、回应方式属于典型的焦虑型依恋风格。由于不了解依恋风格，她既无法理解格雷格的言行态度，也无法控制自己焦虑的心情。于是，面对格雷格的疏远，她如坐针毡，不能安心工作。她陷入无止境的担心，对格雷格的一举一动特别敏感。她虽然理性上觉得分手是必然的结果，却鼓不起勇气迈出这一步。她明知自己对格雷格的爱是飞蛾扑火，也清楚朋友们提建议是为她好，却仍然义无反顾地和格雷格在一起。这都是焦虑型依恋风格在作祟。

两人的依恋风格不同，又都不是安全型的，所以，塔玛拉和格雷格爱得很辛苦，而且不能相守。他们的根本分歧就在于依恋风格的冲突。彼此的言语和行为都在刺激对方朝更糟的方向发展。塔玛拉越是渴求身体和心灵的亲近，格雷格就越想摆脱她，寻找独立自由。几经反复，两人最终分道扬镳。在他们恋爱过程中，依恋理论像两人的知音，亲眼见证了他们的亲密时刻，洞悉他们的心灵世界。依恋理论能够天衣无缝地解释他们的恋爱困境。对于这种问题，其他类型的心理学解释往往语焉不详，言辞模糊，解读时也留有很大的余地。相比之下，依恋理论异常精确，拨开恋爱的重重迷雾，直指问题的根源。

依恋风格一旦确定，是否会伴随人的一生？其实不然。平均起来，大约有 25% 的人每隔 4 年就会转变一次依恋风格。然而，现在的问题是，大多数人不了解依恋理论，对自身依恋风格也不清楚，更谈不上意识到它的转变了。所以，如果大家可以在漫长的人生中，把握依恋风格奇妙的转变，该有多好。若能有意识地引导自己的依恋风格朝安全型发展，那么我们的爱情生活将会迎来美好的明天，而不再像大海里的孤舟那样风雨飘摇。

依恋理论开阔了我们的视野，使我们以全新的方式理解生活中的爱情难题。我们发现，大家的恋爱不管表面如何复杂，总是脱离不了依恋类型这一核心。对照依恋类型，我们能更好地理解身边的人：病人、同事、朋友何以为情所困，应当怎么解决。感情问题，不再是神秘的谜团，可以通过依恋理论找到清晰的答案。有了依恋理论，我们能看清他们恋爱的现状，也能预测他们感情的未来。

不同的依恋基因决定不同的依恋风格

人类天生需要亲密关系，这是由基因决定的。依恋理论以此为出发点，对人类的依恋需求进行研究。约翰·鲍尔比（John Bowlby）拥有天才的本领，他发现，依恋是人类漫长进化的结果，在一生中，我们会和特定几个人紧密相连，他们的存在对我们有特别的意义。我们生来就注定要依恋某个人，对依恋的需求伴随生命的始终。

在进化过程中，具有依恋基因的人更容易存活，正因如此，依恋的基因被一代代保存下来。史前时代，只依靠自己的人往往成为野兽的食物，因为他们太过独立，遇到危险时不能得到帮助。而依赖性强的人，则被别人关心和保护着，能够幸存，并把自己的依恋基因遗传给后代。

依恋到底有多重要？它已经内化为一项生理机能：大脑有专门的区域负责调节依恋关系。它促成并改善我们与依恋对象之间的联系，形成依恋系统。具体来讲，依恋系统包含一系列情绪和行为，维持我们与依恋对象之间的亲密关系，使我们处在保护中，并感到安全。

在依恋系统的作用下，如果婴儿发现父母不在身边，就焦虑不安，哭泣不止，着急地四处寻找。只有父母再次出现时，情况才会缓和。婴儿对分离的这些反应叫做防御行为。成年后，防御行为以不同的面目出现，面对亲密爱人的分离，我们不再大哭大叫，但依旧敏感，并采取一些行动，来表达我们的不安。

在史前时代，和依恋对象保持亲密是件生死攸关的大事；今天，依恋系统仍然把保持亲密关系当作一个绝对需求。

试想一下，你听到一则新闻，某架飞机在大西洋上空坠毁，稍后你反应过来：你的恋人恰好这一天从纽约坐飞机到伦敦。你感到天旋地转，如坠深渊。这些反应都是你的依恋系统在起作用，而你的防御行为就是焦急万分地拨打机场电话。

进化的一个重要前提是多元化。正是个体的多元化保证了物种的延续。人类是非常多元化的物种，在不同地域，人们的外貌、态度、行为呈现出很大的差异。这种差异和多元化，使人类能跨越多次自然灾害和人为灾难，繁衍不息。多元化赋予人类强大的生命力，使之能在地球的任何一个角落生活。假如只有一个人种，只要环境稍微发生变化，也许就足以使人类灭绝。多元化的好处就是，在某一种族无法生存的地方，另外一些特定的人群却可以存活下来。

同样地，依恋风格的多元化，也使不同的人在特定的环境中得以生存和繁衍。与人的外貌、性格等方面的差异一样，人们的依恋风格也各不相同。虽然我们都需要亲密关系，但我们维持亲密关系的方式千差万别。

在极艰险的生存环境中，人们不能一生只专情于一个人，因为无法预知依恋对象存活多久。把时间和精力都投在同一个人身上是很危险的。在这种情况下，减少依恋、保持独立，是应对不断变化的环境的最佳策略，这正是回避型依恋风格的起源。然而，在严酷的外界环境中，另外一些人会采取截然相反的生存策略，他们极度敏感于环境的变化，焦虑不安，紧贴着依恋对象，害怕片刻的分离，这是焦虑型依恋风格的起源。在相对平和的环境中，人们追寻宁静的港湾，这时，把精力集中在一个人身上，与之建立亲密的关系，对本人和后代都大有裨益，这就是安全型依恋风格的起源。

到了现代，我们不再像老祖先那样，生活在恶劣的环境中，成为猛兽的腹中物。然而生存环境的改善，并不意味着依恋需求的弱化。事实上，在进化的链条上，我们离祖先只有一步之遥。智人（人类的祖先，大约出现在五万年前。——译者注）的情绪系统历经年代更迭、自然选择，传承到我们这里，我们的行为反应实际上暗含着遥远时代的生活方式和危险。在恋爱中，我们的感受、行为往往是智人情绪的余音，和他们在远古时代的感受并无二致。

依恋理论适用于每一个人

意识到三种依恋类型的起源和影响之后，我们会拥有不一样的视野，开始以新的角度看待人们的行为，并好奇地探索人类依恋行为的奥秘，原本费解的事情也开始变得有趣。过去，我们草率地把某些行为归结于性格因素，并认为有些人的反应过于夸张过激。现在，从依恋理论的角度来看，恋爱中的行为都能得到合理的解释。例如，格雷格给塔玛拉的生活造成极大的困扰，塔玛拉却不能放手，这能简单地归结于女方性格软弱吗？绝非如此，事实上，塔玛拉在其他领域相当出色和果断。她在爱情中的弱势，只是因为受到焦虑型依恋风格的影响，她几乎出于本能，不惜一切代价试图保持与依恋对象的关系。

塔玛拉在爱情之外的其他方面都得心应手，表明她并不是性格软弱。恋爱时，是焦虑型依恋风格使她情路曲折。一旦她感到任何风吹草动，例如联系不到格雷格，或者格雷格遇到了麻烦，依恋系统就警铃大作，她就身不由己地胡思乱想、陷入焦虑。从依恋风格的角度来看，塔玛拉若能保持冷静才是疯狂的事情。而采取防御行为，例如不断拨打对方电话、用言语和行动刺激对方等，正是焦虑型依恋风格的正常反应。

依恋理论不是空洞无趣的学说。相反，它相当有趣实用。这个理论基于大量现实案例，研究对象覆盖了世界人口的各个种族、层级。因而，依恋理论是通俗易懂而又扣人心弦的科学理论。

许多心理学理论的产生是相当偶然的，依据也颇为狭隘，仅仅局限于接受心理治疗的少数几对夫妇，因此，那些心理学理论只能解释一部分人遇到的问题。依恋理论则不同，它是经过广泛研究得出的理论，每个人都能对照它找到自己的类型。不管是沉醉爱情的良人佳偶，还是苦苦挣扎的痴男怨女，不论是积极寻求心理治疗的勇敢人士，还是讳疾忌医没有接受过治疗的人，都是依恋理论的研究对象。依恋理论不仅能找到感情问题的症结所在，还能帮助我们保持恋爱的甜蜜；不仅能帮助我们发现身边的人是不是错的，还能帮助我们找到那个对的人。

关于两性心理的书有很多，但大部分是高度脸谱化和标签化的产物，可能很典型，但不够具体和实用。现实生活是复杂、琐碎、多元的，常见的两性关系类图书并不能解决普通人的困惑，它们漏掉了许多群体，令满怀期待的读者无所收获。

而依恋理论适用于每个恋爱的人，读本书时，你总会和某些内容产生共鸣。此外，依恋理论具有包容性，它不认为任何人的行为是“神经病的”或者“不正常的”。实际上，没有哪一种依恋风格是“病态的”。人在恋爱中的一些行为，从前被认为稀奇古怪或动机叵测，从依恋理论的角度来看却可以理解、在情理之中，甚至觉得本该如此。例如，某人不爱你，你却对他“情不知所起，一往而深”；你一时怒气冲冲，觉得无法原谅、恋情难以为继，盛怒之下提出分手，一会儿工夫，却后悔不迭，恳求复合。多么奇妙的感情，多么反复无常的心思……不可理喻的表象之下，个中缘由，依恋理论都能给出完美合理的答案。

依恋视角下，所有人的表现都可以理解，但不是所有行为都值得推崇。具有安全型依恋风格的人往往能够避免采取过激的防御行为，他们能顺利地表达自身愿望，和恋人进行水乳交融的沟通。而对于其他依恋类型的人，理解是和解的前奏，是走向幸福爱情的第一步。

恋人之间的隔阂与冲突，是依恋风格的差异造成的。我们已经知道，人们的依恋风格有三种：安全型、焦虑型、回避型。不同依恋风格的人，对亲密关系的需求是不同的。

现在的问题是，既然我们明白了恋人冲突的根本原因，那么为了改善感情生活，我们可以怎么做？毋庸置疑，如果能对依恋理论加以合理运用，人们之间的感情关系就能得到根本的改善。可问题是，从理论成果到生活实践，两者之间横亘着一道鸿沟。我们怎样跨越这条鸿沟呢？于是，心理专家深入研究了三种依恋风格在日常生活中的表现形式。

我们研究了各种各样的恋爱案例，走访了各行各业的人。访问对象既包括我们的同事和病人，也包括不同阶层和年龄段的业外人士。他们分享自己的恋爱经历和心路历程，我们进行概括总结。

此外，我们还细心观察许多恋人之间的交流互动方式。根据他们在特定情况下的言语、态度和行为，判断他们的依恋风格，然后提出针对性的干预建议。我们提供简易实用的方法，方便一个人在较短时间内发现配偶或恋人的依恋风格。我们劝说别人不必压抑依恋本能，而是要顺水行舟，承认自己对爱人的依恋。这样，我们鼓励人们遵从内心真实的想法和感受，不仅避免压抑正常的感情需求，还发现了感情生活中耀眼的“珍珠”，有了意想不到的收获。

依恋理论不仅适用于单身男女，也适用于恋人、夫妻。相比之下，其他情感干预往往适用面窄，不是局限于单身人士，就是局限于夫妻配偶。而依恋理论不存在这种局限性。不管一个人有没有开始一段恋情，不管他处在恋情的哪个阶段，都可以学习并运用依恋理论。不管你是剩男剩女也好，第一次牵手的情侣也好，白首偕老的夫妻也好，正闹离婚也好，处于失恋愈合期也好……本书都为你提供了有效而实用的方法，帮你达成愿望。我们相信，成人依恋理论可以在上述所有阶段发挥作用，指导人们突破感情迷雾，让爱情拨云见日。

知己知彼，方能享受爱情

在提出依恋理论这个概念后不久，依恋类型成了周围朋友津津乐道的话题。他们一接触依恋理论，就迫不及待地进行自我分析。比如，在治疗期间，他们自己就这么说：“不行，我不能和他交往下去，他是回避型的人。”或者，在共进晚餐的时候，话题不经意间就转向依恋风格：“你知道，我是焦虑型的，最怕爱情没法维持。”

有一天，塔玛拉也听说了依恋理论。随后每次聊天，她都会提到自己的依恋风格。最后，她终于鼓足勇气，斩断了和格雷格之间纠缠不清的情丝，准备迎接新的感情。她能自己判断什么样的人是回避型的，她见了这种类型的男人就绕道走，并灵巧地拒绝他们的追求。从前那些可能使她辗转反侧、夜不能寐的人，渐渐淡出她的考虑范围。她不再暗自分析这些人的真实感情，也不再为等不到电话而苦恼。塔玛拉开始睁大眼睛观察追求者的依恋风格，判断他们是否具备与她发展长期亲密关系的潜力。

不久，塔玛拉遇见了汤姆。汤姆明显是安全型恋人，他们的感情发展非常顺利。塔玛拉心态变得平和，不再向我们倾诉复杂苦闷的情绪。这不是由于她疏远了我们，而是由于感情处于甜蜜期，不需要讲什么愁苦的事。现在我们聊天的时候，她常常和我们分享他们共度的甜美时光，为他们的未来描摹蓝图，或者谈论她蒸蒸日上的事业。

我们希望，你可以像塔玛拉以及我们周围的许多同事和朋友一样，了解并妥善地运用依恋理论，拥有更幸福的感情生活。接下来，本书将为你详细解释每一种依恋风格，以及它们对爱情生活的影响。你可以用依恋理论的新视角，重新审视曾失败的感情。“他到底有没有爱过我？”诸如此类的问题将不再真假难辨。你将发现自己有足够的智慧去面对过去和未来的感情生活，并且有足够的能力收获完美的爱情。你会更加了解自己，知道自己要的是什么，并且更加了解别人，明白什么样的人真正适合自己。你会清楚地知道，怎样才能享受爱情。

如果你正在谈恋爱，并且与恋人纷扰不断，心情难安，那么本书将指导你分析彼此的想法和行为，发现彼此的依恋类型，挖掘出日常冲突的深层原因，并告诉你具体的方法，提升你对爱情的满意度。总而言之，无论你处在恋情的哪个阶段，你都能从本书获益，得到完美的感情体验。

第2节

依赖不是一件坏事情

Dependency Is Not a Bad Word

当众牵手很肉麻吗　“依赖悖论”　流行爱情观念的误导　真爱“安全基地”

“独立自主意识”的标榜　依赖和毒瘾是同一个概念吗　你中有我 我中有你

看似完美的情侣真的和谐吗

若干年前，有一个真人比赛电视节目。来自世界各地的恋人或夫妻两人一组，接受困难任务的挑战，看哪一组能拔得头筹。在所有恋人和夫妻中，凯伦和提姆是最引人注目的一对。他们有着出众的外貌、完美的身材和成功的事业。可当面临挑战，承受压力时，他们的感情分歧就浮现出来了。凯伦想结婚，提姆不想。甜蜜的婚姻和二人世界在凯伦看来是天堂，在提姆看来是牢笼和围城。

依恋你我

当众牵手很难为情吗？

这个比赛竞争非常激烈，凯伦和提姆感觉压力很大，难免发生争吵。吵完后，凯伦想握着提姆的手，得到一些安慰，提姆却心不甘情不愿。他认为在公众场合握手太肉麻了，总不能凯伦每次想握手，他都要配合。

两人一度处于领先地位，差一点就赢得大奖，却在最后一场比赛遭遇失败。在节目最后接受采访时，主持人问他们有什么感想。凯伦说：“我认为我们之所以失败，是因为我的依赖感太强了。回过头看，我觉得自己有点过分。我也不知道为什么自己想要在比赛的时候握着提姆的手。无论如何，我学到了一课。以后我再也不这样了。何必一定要握着他的手呢？挺傻的。即使没有他的手，我也该争取保持良好状态。”提姆的感想比较少，他说：“比赛和真实生活差别很大。节奏太紧，一个任务紧接着一个任务，让我感觉很紧张，连吵架的工夫都没有。”

在采访的镜头前，两个人仿佛心照不宣地忽略了一件事情。在最后一关蹦极挑战中，提姆胆怯了，想要放弃比赛。凯伦努力地给他打气，说会和他一起跳，可提姆还是不敢跳。他当时差点就脱下装备，逃离比赛现场。虽然他最终鼓足勇气，接受了蹦极挑战，但是颓势已经难以挽回，提姆一时的犹豫胆怯令他们功败垂成。

凯伦认为自己应该控制依恋情绪，独自承担所有的压力。从成人依恋的角度来看，这种想法是不现实的。她以为失败的原因是自己依赖感太强，而从科学研究的结果来看，则并非如此。所谓依恋，即意味着我们需要伴侣的支持，渴求与伴侣保持身心的亲近。假如伴侣对这种需要视而不见，我们会出自本能地继续要求，直到伴侣回应。凯伦和提姆要是知道依恋理论，比赛时就不会遭遇窘迫的失败。凯伦不会对自己在全国性的电视节目中要求握着提姆的手而感到羞愧，提姆也会知道握着凯伦的手更有利于获胜。提姆只要及时满足凯伦的需要，就能使她避免承受太多压力，也不用后来花更多时间安抚她。假如提姆知道他的积极回应能带给凯伦力量，他或许会很乐意在她需要的时候主动地握紧她的手。还有，如果他早一点接受凯伦的鼓励，就不会在蹦极这关失利了。

依恋理论告诉我们，大多数人有依赖感，是因为他们需要伴侣的情感支持，伴侣却没有给予支持。一旦情感需要得到满足，依赖感就随之消失。情感需要满足得越及时，依赖感就越小。在依恋理论研究中，这种现象通常被称为“依赖悖论”（Dependency paradox），即人们只有彼此依靠，才能充满自信，保持独立。凯伦和提姆的优势在于他们感情很好，本来可以互相依靠，合作得更好，可惜他们没有把握好这种优势。

在失败后发表感想时，凯伦责怪自己依赖感太强，造成比赛失利。提姆则无视自己作为恋人的责任，不认为自己有义务让对方依赖。他们的观点都有些偏颇，但也在情理之中。过错在于我们身边的流行文化。这种文化吹捧独立，抹杀对亲密关系的需求，轻视依赖感。最糟糕的是，我们却把这种谬误的文化奉为真理，不加反思，所以深受其害。

流行爱情观念就正确吗

流行的爱情观念错误地认为：所有人，尤其是女人，应该保持情感独立，不依赖任何人。这种观念流毒深远。

不久之前，西方社会一直认为自立的儿童能更快乐成长。19 世纪 40 年代，专家们还认为“溺爱”儿童会造成儿童性格不健全、心理不健康和缺乏安全感，长大之后难以适应社会。那时候，做父母的也相信，不应该给婴儿太多关爱，让他们要哭多久就哭多久，无需理会他们的哭闹，只需严格按照时间表给他们喂饭吃就行。在医院里，情况也是一样，医院不准父母接触孩子。父母想探望生病的小孩，只能通过玻璃窗遥望。在家庭中，儿童的独立自主也受到最高的重视。社工一旦发现一丝一毫的溺爱，就认为养育不当，要把儿童弄出亲生父母的家，寄养到陌生人家里。种种荒唐的行为，无不是错误观念引导的结果。

那时人们普遍认为，父母和孩子应该保持一定的距离，亲密的爱抚应当谨慎而节制。在 20 世纪 20 年代，有一本育儿书广受欢迎，它是约翰·布罗德斯·沃森（John Broadus Watson，美国心理学家，行为主义心理学的创始人。——译者注）所著的《婴幼儿心理卫生》（*Psychological Care of Infant and Child*）。沃森把此书献给“养育快乐儿童的好妈妈”，并且论断“母亲的溺爱”对儿童有害。他认为，快乐的儿童感情上完全独立，不依赖父母。他们勇敢果断、无所畏惧、适应能力强，并且善于解决问题，只有在身体受伤害的情况下才哭。他们完全投入学习和游戏，不依恋任何人，也不留恋任何地方。

和流行文化一样，那个时代的心理学家一点都不重视亲子关系，也不知道亲子依恋对于婴儿的重要意义。

在玛丽·安斯沃思（Mary Ainsworth）和约翰·鲍尔比 20 世纪五六十年代创建依恋理论之前，人们一直抱有上述错误观念。但依恋理论的研究结果，颠覆了流行的观点，改变了人们对儿童依赖父母的看法。

人们一直认为儿童之所以依恋母亲，只是因为母亲提供了食物和营养。专家们想当然地认为，儿童把母亲与食物联系在一起，所以才会对母亲产生特别的依恋。

依恋理论创始者之一鲍尔比认为，这种假想与实际有很大出入。他发现，即使婴儿得到所需的全部食物，他们仍然需要关爱和依恋。如果婴儿缺少依恋对象，就难以在心智方面健康发展。孤儿院长大的孩子和“二战”孤儿就是鲜明的例子。他们都拥有足够食物，却仍然在身体、智力、情绪、社会关系等方面发育迟缓。安斯沃思与鲍尔比的研究证明，除了水和食物，亲子依恋关系也是儿童存活发展的重要因素。

我们都需要依恋，确信对方不离不弃

鲍尔比一直认为，依恋是人类行为不可缺少的部分，贯穿着一个人生命的始终。随后，玛丽·梅因（Mary Main）发现，幼时亲子关系不仅影响成年人的依恋类型，还会影响他们抚养下一代婴儿的方式，这算得上一种依恋的循环。

在一项调查中，学者辛迪·哈赞与菲利普·谢弗在《洛基山新闻报》(*Rocky Mountain News*) 刊登一则“感情测试”，邀请读者从3个选项里选出最符合自己的一项，每个选项对应着一种依恋风格。这3个选项内容如下：

- 我感觉自己容易与别人亲近，也容易和别人互相依恋。我不担心遭到伴侣的抛弃，也不会因为伴侣与我关系太过亲密而感到紧张。(安全型依恋风格)
- 和别人亲近会让我感到不自在。我很难完全信任别人，也不愿依靠别人。如果别人和我太亲近，我会紧张。我的恋人经常想更接近我，这让我不耐烦。(回避型依恋风格)
- 我喜欢亲密的关系，可是别人似乎不太喜欢。我经常担心恋人不真心爱我，还担心对方会甩掉我。我渴望完全融入恋人的生活，但是这种想法让对方感到害怕。(焦虑型依恋风格)

调查结果显示，成年人表现出的不同依恋风格，分布情况与幼儿的依恋风格分布类似。大多数人属于安全型，少数人属于焦虑型或回避型。研究还发现，不同依恋风格的人，对待恋人的态度大相径庭，恋爱观、亲密观也呈现出各自不同的特点。

哈赞、谢弗与其他学者对成人依恋进行了更加全面和深入的研究，进一步证实了上述结论。正如鲍尔比所设想的，依恋心理在我们生活中扮演着不可或缺的角色。成年人也有依恋心理，不过与幼儿时期的依恋心理有不同之处。成人具有高度抽象的思维能力，即使暂时看不到依恋对象，也知道对方和自己感情相通，心意相连，不会像幼儿一样容易爆发“分离焦虑症”。而成年人和婴儿依恋心理的共同之处在于，他们都需要亲密关系，需要在心中确信依恋对象不离不弃。

遗憾的是，亲子依恋在过去长期受到忽视，成人依恋的意义至今也未被大众所广知。尽管我们实际上需要互相依赖，主流的观点还是把依赖感看成病态心理。

恋爱就是要亲密，而不是彼此独立

依赖心理长期以来都被妖魔化了。无论是病态依赖理论，还是市面流行的心理学自助书籍，无不反映着 20 世纪上半叶错误的亲子观、依赖观。当时，人们竟然认为不依恋父母的儿童才是“快乐的儿童”。直到今天，某些专家的说法与那时流行的观点如出一辙：你的幸福只能靠自己打造，不能依靠配偶或恋人；配偶或恋人与你的幸福无关，你也与他们的幸福无关。更夸张的是，这些专家说每个人都应该自己顾自己，不要让亲近的人扰乱内心的平静。还有，如果恋人的行为让你感到不安，你就应该和他保持距离，把注意力转移到自己身上，避免受到他的影响。如果不这样做，你就是软弱，就是和他纠缠不清，对他有“病态依赖”，你必须学习在感情方面与他划清界限，摆脱依赖感。

这种错误观点认为，完美的爱情只存在于两个独立的人之间。这两个人要心态成熟，相敬如宾，恋人之间也要划清界限。如果一方过于依赖另一方，就会给另一方带来压力。依赖别人是一种性格缺陷，应该努力克服自身的缺陷，拥有“独立自主意识”。恋爱时难舍难分，离了对方就觉得生活不完整是最糟糕的情况。这简直是一方对另一方依赖成瘾，两人的情感未来似乎危机四伏，永无宁日。

你知道吗？病态依赖理论创立之初，是为了帮助吸毒的人克服毒瘾的。它确实帮助很多沾染毒瘾的人获得了康复。然而，对亲人、爱人的依恋怎么能和毒瘾等同视之？如果不分青红皂白地用于依恋情况，病态依赖理论就可能误导人们，损害人与人的关系。本节开头提到的凯伦就受到了这类理论的负面影响。**生物学研究告诉我们，有依赖感并不是一件坏事。**

让人吃惊的是，依恋不仅是一种心理需求，它还有着不可磨灭的生理基础。无数研究结果表明，当一个人与另一个人建立依恋关系时，两人就成为一个生理整体。一方对另一方的血压、心跳、呼吸、荷尔蒙水平都会产生举足轻重的影响。依恋关系中的两个人不再是单独的个体，而流行心理学错误地认为两个人应该完全独立。因此，从生理学角度来看，当今流行的心理学站不住脚。恋人互相依赖是一个生理学事实，保持独立不意味着没有依赖感。

弗吉尼亚大学情感神经科学实验室主任詹姆斯·科恩（James Coan）博士与理查德·达维森（Richard Davidson）、希拉里·谢弗（Hillary Schaefer）曾合作进行过一次实验。该实验清楚地表明，拥有亲密人际关系的人与拥有宽泛人际关系的人相比，情绪状态迥异。在实验中，科恩博士与同事一起模拟了一个压力场景。他们对参与实验的已婚妇女说，她们将受到一阵微电流刺激，同时使用功能性磁共振成像技术（Functional MRI technology）扫描她们的大脑活动。

当人体处于压力和刺激性环境中，下丘脑会活跃起来。这些妇女独自等待电流刺激的时候，她们的下丘脑出现了明显的活动现象。当她们握着一位陌生人的手等待电流刺激的时候，下丘脑的活动稍微减弱。实验最后，她们将握着丈夫的手等待电流刺激。结果会如何呢？扫描结果显示，下丘脑的活动状况并不明显，说明她们这一次感到的压力很小。实验结果同时显示，对婚姻满足度越高的妇女，握着丈夫的手时感觉越放松。

这项研究证明，当恋人的感情亲密时，双方身心健康都会受到积极的影响。**一段亲密的感情，能帮助我们减轻心理压力，使我们更有安全感，更勇敢，并更具有创造力。**既然亲密关系影响着我们的身心健康，恋人相处时又怎么可能像陌生人一样互不相干、彼此独立呢？

流行的错误心理学观点对人们有害无利。比如凯伦，她的心理和身体都指引她握着伴侣的手，以获得支持和心安，可是因为这些流行观念在作祟，她反而认为依赖是软弱的表现，是不正常的，于是压抑自己的依恋需求。

依恋让我们的内心更强大

不论你多么善于照顾自己，或是独处时自我感觉多么良好，你仍然需要与恋人分享爱和甜蜜，还有生活的点点滴滴，这是基因决定的需求。

在大脑成像技术出现之前，约翰·鲍尔比就已经知道，基因决定了我们需要亲密的伴侣。唯有如此，才能度过幸福的一生，依恋和独立自主毫不冲突。他发现，一旦我们对某人产生依恋，一种超越我们自身的强大力量就产生了。不管我们有多么独立，有些事情总会超出我们的控制，我们会不由自主地做一些匪夷所思的事。我们一旦选定一位伴侣，是否依赖对方就不是我们能够决定的事情，因为依赖感在我们的血液里流淌。在一段优雅的感情中，恋人双方从容淡定，既不怕受伤害，也不怕失去彼此，他们给彼此留出足够的空间，保持着礼貌适当的距离，这听起来似乎很完美，可是它如同镜花水月一般不现实，也不符合生物学事实。

在漫长的进化过程中，一对彼此心意相通的恋人生存几率最高。如果她感应到危险，他也能立刻感知；如果他忐忑不安，她也心情起伏；一方感到安全，另一方也会如释重负。他是她生命的一部分，她愿意付出一切去救他。亲密的恋人，彼此融为一体，你中有我，我中有你。因为两人把对方的安全看得比自己的生命还重要，两个人的生存几率都增加了。

对于依恋的强大力量，不同依恋风格的人有不同的处理方式。安全型和焦虑型的人对于这种力量处之泰然，而回避型的人则尽一切可能将其压抑。他们也需要亲密关系，只是他们压抑了这种需要。本书在第 6 节列举了一些实验，能够揭示回避型依恋风格的真实心理状态。

依恋需求是如此强烈，它的力量又如此强大，那我们是不是要全身心扑在伴侣身上，把生活中的其他事情都抛在一边呢？我们是不是要放弃事业、疏远朋友呢？绝不是这样！相反，一个亲密的伴侣，能让我们更好地处理其他事情，更好地面对世界。乍听起来，这个说法有点自相矛盾。我们怎么既依靠别人，又保持独立呢？如果要用一句话来解释清楚，那就是：**要想获得独立和幸福，就必须找到一个可以依恋的人，和这个人相濡以沫，共度一生。**只要能理解这句话，你就把握了依恋的精髓。为了帮助你理解成人依恋，我们再回过头来参考儿童的例子。虽然儿童依恋与成人依恋不尽相同，但是儿童依恋领域的“陌生情境实验”具有很大的参考价值，有助于我们理解成人依恋心理。

依恋你我

婴儿在陌生情景下与妈妈分离，然后团聚

萨拉和1岁的女儿金米走进一间堆满玩具的屋子。在屋子里，研究助理迎接了她们，和她们讲了几句话。然后，金米开始尽情地在这个玩具王国里探险。她爬来爬去，抓起玩具，又扔在地上，小眼睛瞧着玩具滚来滚去，观察玩具会不会发出响声，或者亮起灯。与此同时，她转动着眼睛，时不时看看妈妈在不在附近。

片刻后，研究助理让萨拉离开房间。于是，萨拉悄无声息地走了出去。金米一发现妈妈不在屋子里，立刻显得心慌意乱。她以最快的速度爬到门口，一边哭着叫妈妈，一边奋力地用小手打门。研究助理给金米取来一些五颜六色的积木玩，试图转移她的注意力，可是金米不吃这一套。她一点儿都不听助理的，还把一块积木扔到助理脸上。

妈妈很快回到了现场。一看见妈妈，金米就手脚并用地爬向她，还伸出小胳膊来让妈妈抱抱。两个人拥在一起，妈妈抚慰着哭泣的小女孩。金米紧紧地抱着妈妈，慢慢停止了哭泣。在感到安全之后，她对玩具的兴趣又恢复如常，再次兴致勃勃地投入到游戏里。

以上叙述只是对实验过程的简单概括。这个实验几乎是依恋理论领域最重要的实验，叫做“陌生情境实验”。在这个实验中，玛丽·安斯沃思惊讶地发现，母亲在场的时候，孩子能够保持强烈的探索欲望；而当母亲离开后，孩子就失去了好奇心和探索欲望。

“陌生情境实验”还发现，只要依恋对象在场，儿童就能够在陌生情境中表现自如,乐于探索。在依恋理论中,依恋对象的支持被称为“安全基地”，你知道此人一定会支持你，你可以完全信赖此人，在需要的时候，他随时会过来帮你。简而言之，安全基地是儿童探索、发展和学习能力的先决条件。

长大以后，我们不再像小孩一样探索堆满玩具的房间。我们探索的是周围真实的世界，不断面对新情况，迎接新挑战。我们要在工作中表现出色，要有几个爱好，还要无微不至地照顾孩子和家人。我们和“陌生情境实验”里的孩子一样，有安全感的支撑，才可以在世界上披荆斩棘、追求梦想并创意迭出。如果没有安全感的支撑，不能确信最在乎的人是否在我们身边，一直相信我们、支持我们，我们就难以集中精力迎接生活中的各种难题。当我们的人生走入陌生环境，唯有伴侣做我们坚实后盾，给我们以抚慰和鼓励，我们才能集中精力面对挑战，把生活过得丰富多彩。

卡耐基梅隆大学关系实验室主任布鲁克·菲尼（Brooke Feeney）博士对配偶之间的相互支持，以及影响配偶互动的因素有浓厚的研究兴趣。通过一次实验，他揭示了“安全基地”在成年人生活中的作用。在这个实验中，菲尼博士让几对配偶互相讨论个人目标和发展机遇。结果表明，参与者如果得到配偶的支持，他们就更加自信和情绪飞扬，并且认为未来的发展机遇良好，很有可能达到目标。如果参与者感觉配偶不支持，或表情冷淡、不太关心，就会变得畏缩起来，认为自己的目标不值一提，不愿意谈论，更不会主动思考有什么机遇。

让我们回头看看本节开头参加电视比赛节目的凯伦和提姆。在许多方面，他们的经历都很像萨拉和金米的“陌生情境实验”。就像金米需要妈妈的抚慰，凯伦需要握提姆的手，提姆也需要凯伦的鼓励；就像金米发现妈妈不在的时候哭喊，提姆不愿意握凯伦的手，凯伦就情绪不稳，没有动力继续比赛。**不管是儿童还是成年人，人都必须先有依恋对象的支持，才能心情愉快地从事其他活动。**

找一个对的人依赖吧

我们希望有人值得我们托付终身。可问题是，假如你全心全意地依恋他，他却躲躲闪闪，不给你支持，该怎么办？

在成人依恋关系中，我们把配偶当做情感的“安全基地”和心灵的避风港，自然而然地期待恋人的支持。遇到困难的时候，恋人的存在会减轻我们内心的压力。通过了解科恩等人的功能性磁共振成像实验，我们已经知道，接触配偶的身体能够降低我们在压力状态下的焦虑水平。我们还知道，爱情体验越幸福，感受到的外界压力就越小。

其他一些实验的影响更加深远。多伦多大学的心理学专家布赖恩·贝克（Brian Baker），研究心脏病、高血压的精神影响因素，尤其是婚姻和工作压力对心脏功能和血压的影响。在一项研究中，贝克博士发现，幸福的婚姻有助于治疗轻微的高血压。和伴侣在一起，能够降低血压，使病人更加健康。相反地，婚姻不幸，和配偶接触就会使血压升高。所谓眼不见心不烦，只有见不着对方，血压才能降下来！这项研究结果具有重大意义。假如恋人不能满足我们基本的依恋需要，我们就会长期处于不安和压抑中，容易患染各种疾病。恋人应该是“安全基地”，但如果对方不扮演好这个角色，我们不仅心情受到影响，郁郁寡欢，还会殃及身体健康。

各种研究结果都显示，恋人对我们的身心健康有着重大影响。这一点毫无疑问。他们不仅影响我们一时的感受，还影响着我们的长期自我感觉。我们有没有勇气追求理想都受恋人的影响。恋人如果满足我们内在的依恋需求，我们就有了“安全基地”，容易保持身心健康，延长寿命。如果他们时冷时热，不支持我们，我们便心情沉郁、难以振作，甚至身体疲倦、健康受损。

如果爱，请找到真爱。美满的恋情，是一生幸福和健康的保障。本书将会告诉你，什么样的人能做你的“安全基地”，以及怎样才能找到那个人；同时，本书也会教你，应该怎么做，才能当好恋人的“安全基地”，使恋人更加完美和优秀，以及怎样鼓励恋人，帮助他们成为更加稳固的“安全基地”。

第II章

识别我和TA的依恋风格

Your Relationship Toolkit-Deciphering Attachment Styles

我的恋爱观是什么？

TA 又是什么依恋风格？

我们在一起会合拍吗？

让依恋心理学为你扫除疑虑，谈一场明明白白的恋爱！

第3节

我究竟是哪种依恋风格

Step One: What Is My Attachment Style?

亲密关系问卷　爱情测验　成人依恋问卷　依恋风格是从何时分化的

依恋风格的依据是什么　“陌生情境实验”　回避型婴儿的情绪伪装

了解了依恋理论，我们就可以用它来分析自己和身边人的依恋风格。在下一节，你将了解到，如何通过观察生活中的细节，去分析恋人或者未来恋人的依恋风格。不过，在分析别人之前，最好先弄清楚自己的依恋风格。

你一定已经做过本书开始的问卷了，通过计量问卷得分，可以判断出你的依恋风格，即你在爱情中与恋人的交往方式。这个问卷是基于“亲密关系问卷”修改设计的。亲密关系问卷首先由凯利·布伦南（Kelly Brennan）、凯瑟琳·克拉克（Catherine Clark）和菲利普·谢弗发表于1998年。其中，谢弗曾与辛迪·哈赞合作发表了著名的“爱情测验”。亲密关系问卷包含一系列简短的问题，重点针对焦虑型和回避型风格。不久后，伊利诺伊大学的克里斯·弗雷利（Chris Fraley）、尼尔斯·沃勒（Niels Waller）和凯利·布伦南发表了修订版的亲密关系问卷。为了使问卷内容和现实生活更加贴近，我们对修订版又作出了少许修改。

依恋风格虽然稳定，却也可能改变。通过分析自己的依恋风格，你会更加了解自己，以及你的交往方式。你对自己了解越深，与别人的关系就越融洽。（参考英文原版的成人依恋问卷，请登录克里斯·弗雷利博士的网址：http://web-research-design.net/cgi-bin/crq/crq.pl）

依然不确定自己的依恋风格吗

大多数人能很快发现自己的依恋风格。有人一听到依恋理论的基本内容，就能够告诉我们“我是焦虑型的”，或者“我绝对是回避型的”，再不然就说“我感觉自己是安全型的”。也有人拿捏不准自己到底是哪种风格。在测试中，如果你两项数目都比较多，可以分析下面两个因素，综合判断自己是哪种依恋风格：你对亲密关系的需求，你对爱情的焦虑程度，以及对恋情的关注程度。

如下图所示，你在图上所占的位置就能够说明你的依恋风格。

依恋风格的两个维度

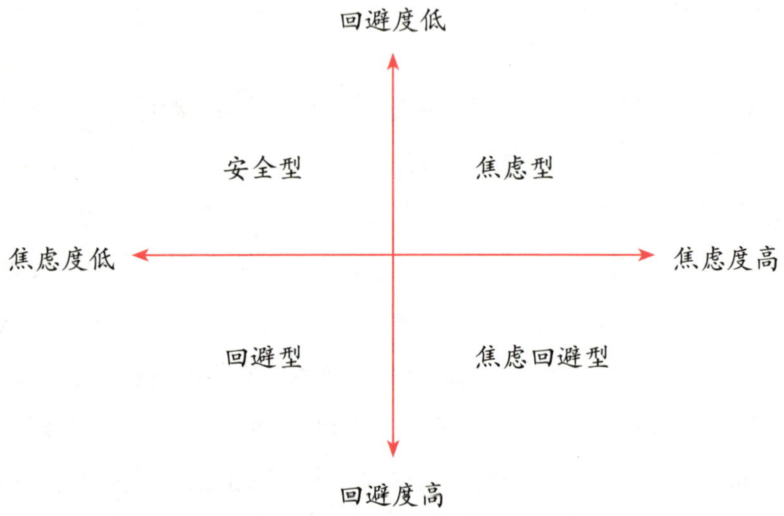

* 依据布伦南、克拉克和谢弗的《依恋双维度量表》修改

- 如果你享受与恋人的亲密关系（回避度低），对爱情感到整体满意，不会总是担心恋人变心（焦虑度低），那么你属于安全型依恋风格。
- 如果你渴望与恋人拥有亲密无间的关系（回避度低），却经常对恋情的发展没有安全感，对恋人的行为细节非常敏感（焦虑度高），你差不多就属于焦虑型依恋风格。
- 如果你不喜欢和恋人过于亲近，认为独立自由比恋情更重要

（回避度高），不担心恋人变心（焦虑度低），你就属于回避型依恋风格。

- 如果你既不喜欢和恋人过于亲密，又担心恋人对你的感情发生变化，你很可能就属于焦虑回避型依恋风格。这种风格所占人口比例很小。如果你是其中一员，那么针对焦虑型和回避型人群提出的建议都会对你有帮助。

成人依恋风格是如何形成的

成人的依恋风格是如此迥异，我们不禁好奇：人们的依恋风格是从什么时候开始分化的？依恋理论为何将人的依恋风格分成三种？依据是什么？其实，依恋风格最早是根据儿童行为划分的。最初给依恋风格下定义的人，是研究9到18个月大婴儿行为的专家。专家们通过“陌生情境实验”来观察婴儿的反应。

“陌生情境实验”的结果显示，当妈妈离开房间时，幼儿有3种迥异的反应。依恋风格就是按照这3种不同行为划分的。在后来针对成年人依恋风格的研究中，专家们发现，成年人的行为方式，与具有同一种依恋风格的幼儿有很多相似之处。

以下是对幼儿不同反应的简要描述——

焦虑型：当妈妈离开房间的时候，婴儿极为不安。妈妈回来的时候，婴儿表现具有两面性。一方面，妈妈回来了，他很高兴；另一方面，他对妈妈的离去感到愤怒。这类婴儿需要较长的时间才能安静下来。即使他安静下来，也只是暂时的。一会儿之后，他又愤怒地把妈妈推开，重新哭泣起来。

安全型：当妈妈离开房间的时候，婴儿明显表现出不安。妈妈回来的时候，婴儿立即表现得非常开心，快乐地迎接妈妈。一旦有妈妈在身边，他就很快安静下来，继续玩游戏。

回避型：当妈妈离开房间的时候，婴儿好像没有察觉。妈妈回来的时候，他也没有什么反应，不管妈妈在不在身边，他都继续玩自己的游戏。然而，这只是表面现象。实际上，此类婴儿的内心毫不平静。研究人员发现，这类婴儿在妈妈离去的时候心率增快，和其他外在表现非常不安的儿童一样，而且他们体内的皮质醇水平（一种压力激素）也升高了。

第4节

抽丝剥茧，确定 TA 的依恋风格

Step Two: Cracking the Code— What Is My Partner's Style?

遵循蛛丝马迹，辨别 TA 的依恋风格　“我该为这个人付出真心吗？”　“这个人想安定下来吗？”

恋爱的神奇光环　“他为什么疏远我”　五条识别依恋风格的“黄金法则”

TA 是我的 Mr/s.Right 吗

分析自己的依恋风格比较容易，分析别人的依恋风格就很困难。一方面，你最了解的人就是你自己，在恋爱的时候，你不仅知道自己的外在言行，还非常清楚自己的感受和想法；另一方面，你可以通过测试了解自己的依恋风格，而对于恋人，你就不能轻易这么做。假如你新交一个男朋友或女朋友，就不适合盘问他们的过去，也不好突兀地拿出测验题目，要求他们完成。然而，我们也不是没有办法了解恋人的依恋风格。一个人日常的行为语言总会露出一些蛛丝马迹，只要细心观察，你就能够发现他们的依恋风格。

分析恋人依恋风格的秘诀在于仔细观察，认真聆听，知道哪些是主要信息，哪些是次要信息。在研究依恋理论的时候，研究人员请人到实验室里，和他们随便聊天，让他们说说感情问题。聊天时，他们对亲密关系的态度、对恋情的专注程度等都是判断其依恋风格的标准。你当然不能把自己的恋人请到实验室里。不过，只需要一些观察技巧，就能获得与研究人员在实验室里同样的效果。

依恋理论有助于你理智地看待心仪对象，也能帮助你更了解与你朝夕相伴的恋人。这样，恋爱时，你就不会再纠结于“对方喜欢我吗”之类的问题，你会思考：“我该为这个人付出真心吗？这个人能够满足我的情感需要吗？”是否要将爱情进行下去，就在于你的一个个选择。你要问自己：“这个人想安定下来吗？他对我是若即若离，缺乏热情，还是真心实意，不再更改？”这些问题的答案越早知道越好，免得拖到以后成为幸福的隐患。根据本节内容的建议，你可以一步步地提高分辨爱人依恋风格的能力。

当爱情到来的时候，人往往失去客观的眼光。在恋爱的神奇光环笼罩下，恋人在我们心中的形象，往往掺有幻想的成分，我们觉得恋人是完美的。恋爱时，你只看得到他的优点，看不见他的缺点。这种盲目美化是恋情遇挫的前奏。在热情与爱慕全面爆发之前，试着全面客观地了解恋人，对他的言行保持理性的心态，你才会知道对方是否适合做你的恋人，感情的前景是一片光明，还是苦不堪言。

如果你已经恋爱一段时间，通过前几节的阅读，你应该对恋人的依恋风格有了初步了解。如果想要进一步确定，你可以使用卷首的问卷。在完成问卷之后，你就能明白一些问题。对方的许多行为，并非他的有意表现，其实只是他的依恋风格使然，更不是因为你犯了错。如果你一度为"他为什么疏远我"这样的问题而苦恼，完成问卷后，希望你会明白，其实"他不是存心疏远我，而是他的依恋风格就是这样"。发现了对方的依恋风格后，你们之间产生矛盾的主要原因也浮出了水面。下一步，就可以考虑怎样对症下药，改善两人的关系了。

五条"黄金法则"，瞬间敲定恋人风格

看完上面的内容之后，如果你还不能确定恋人的依恋风格，请参考下面的五条"黄金法则"，让它们来帮助你作出判断。

他是否要求你给他亲密感。这是你要问自己的第一个问题，也是最重要的问题。这个问题是恋人所有外在表现的根源。如果这个问题的答案是否定的，你就可以十拿九稳地判断恋人是回避型依恋风格。反之，他可能是安全型，也可能是焦虑型。除了这个问题，第 3 节内容里提到的依恋风格的两种维度也能帮助你作出判断。在回答这个问题的时候，请注意不要带着任何先入为主的看法。一个人的依恋风格往往和性格特征不一致。例如，一个人可能既志得意满、神采飞扬，又十分渴求亲密关系、寻求依赖感；一个人也有可能既软弱胆小、一事无成，又对亲密关系不屑一顾。恋人对亲密关系的态度，是通过行为表达出来的，和他是否自信无关。那么，他的行为是什么样子的呢？他有没有为了摆脱亲近关系，而做出一些事情，或者他是不是一直在回避某些事？

假设你正与一位女士交往，她上段婚姻失败了，独自带着一个小孩。可能是出于谨慎，她还不愿意把你介绍给小孩认识。她可能认为目前让你见孩子太早，她担心你的介入会影响孩子的生活。有这样的疑虑无可厚非。可是，换个角度来说，也可能是因为她还想与你保持一定距离。要判断她的初衷到底是什么，你要从多方面思考。你们交往有多长时间？你们对未来有认真的打算吗？你们要是刚刚开始交往，她保护小孩的行为就是完全正确的。如果你们已经交往了两年，她还不让你认识孩子，这就有点说不过去了。你可以问你自己，除了孩子，她有没有把你介绍给她的家人朋友？有没有向你解释不准你见孩子的原因？有没有考虑你的感受？如果上述问题有一个答案是否定的，那么她就不只是为了孩子的利益考虑，而是潜意识想与你保持距离。

他对恋情的专注程度，以及他是否过度担心恋人变心。他是不是很容易被你的话伤害？他会不会为恋情的前景担忧？他担不担心你不再爱他或者变心？他对恋情中的细节是不是非常敏感？如果你决定做一件事，没有把他牵涉进来，他会不会认为被你疏远了？如果上述问题有一个答案是肯定的，那么他极有可能就是焦虑型依恋风格。

不能因为某一件事就断定恋人的依恋风格，要全面地考虑。单凭某件事或某句话不能断定依恋风格。例如，恋人不让你见她的孩子，这让你感觉很难过，不过这并不意味着她回避亲密关系。如果她愿意和你聊聊原因，听听你的心理感受，让你以其他方式融入她的生活，你就不能判定她是回避型依恋风格。

让对方看到真实的自己，观察他的反应。要分辨恋人的依恋风格，最好的办法或许就是向他袒露你真实的需要、想法和感受。恋爱时，我们经常因为种种原因而谨言慎行。我们要么不想给恋人压力，要么觉得表达的时机还尚未成熟。其实不必这么拘谨，勇敢地表达自己的需要和真实想法吧！袒露之后，你才能发现恋人能不能满足你的需要，也能依据恋人的回应，来发现他是哪种依恋风格。

- 如果他是安全型依恋风格——他会理解你，并且努力满足你的合理需要。
- 如果他是焦虑型依恋风格——你会成为他的榜样。看到你的真情流露，他会感觉很亲近，因而非常高兴，还会相应地对你更加坦诚和信赖。
- 如果他是回避型依恋风格——看到你的真情流露，他感觉浑身不自在，如坐针毡，可能说出下面的话来回答你：
  “你太敏感了”“你的要求真多”“不要这么麻烦”
  “我不想谈这个问题”“别这么斤斤计较”
  “你想让我干什么？我又没错！”“我不是都道过歉了吗！”

观察他不愿意说什么话，不愿意做什么事。恋人的言行举止能透露出他的依恋风格，同样，他不愿意说的话、不愿意做的事，也能体现出他的风格倾向。请观察下面两个案例，并根据自己的直觉，大胆地判断当事人的风格吧！

- 新年之夜，罗布亲吻着女友，深情款款地对她说：“和你在一起，我真高兴。希望以后每个新年夜晚都陪你度过。”女友回应他的吻，但是不答他的话。两个月后，她和他分手了。
- 帕特和男朋友吉姆正在吵架。帕特说，两个人的事从没提前计划过。要是能事先计划好，有变化就提前告诉她，她会放心许多。吉姆对此没有回答，并且转移了话题。之后，他依然我行我素，什么事都拖到最后一刻才告诉帕特。帕特又和他认真谈了一次，他还是不改。最后，帕特只好放弃这段感情。

在这两个案例里，罗布的女友和吉姆都在回避某些事情。他们的回避比他们的言行更能显示出他们的风格。

你能判断出他们的依恋风格吗

训练依恋分析能力，助你找到真爱。下面将列举6个案例，你能准确判断出每个案例的主人公是哪种依恋风格吗？请参照上文列出的依恋风格表格和五大黄金法则作出分析，读的时候，你可以先遮住下面的答案，挑战一下自己的分析能力。

巴里，离异，46岁

我还没从离婚的阴影里走出来，不能认真地考虑感情问题。我上一段婚姻并不幸福，所以我接下来要好好地补偿自己。我要让女人为我痴狂，我要性生活。我不想稳定，可是每次遇见一个女人，她就开始幻想我会不会成为一个好父亲，会不会善待她和前夫的孩子。我该怎么办呢？目前，我在和凯特琳交往。她各方面都不错，我们已经交往一年了。她希望我们的关系更近一步，可是我现在还没有恢复，还不能轻易地爱上或信任另一个女人。即使到真正恢复的那一天，我也有一个原则性的要求：她必须在金钱方面自给自足。上一个女人已经榨干了我的钱，我可不想再多背上一个负担。除了这一点，我还有一些其他原则，不管和谁交往，我都不会妥协。

依恋风格：__________

答案：回避型。你也许会为他辩解，说这个男人离过婚，谨慎点总没错。也许你说的有理，不过，请仔细看他的话，他的话所暗含的信息，清楚地向我们表明：他是回避型依恋风格。他说，即使有一天他接受爱情，他也会坚持原则，不会妥协。他说自己重视个人幸福，目前还不能信任一个女人。请注意，他说交往对象的孩子是“她和前夫生的孩子”，这种界限分明的话，暗示一种很强的距离感。他还唯恐女人用婚姻束缚他，怕女人在金钱方面依靠他。最后，请参考第一条黄金法则：他要不要亲密感。

通过观察，你会发现，他需要被女人追逐仰慕，他需要性生活，但是从没说过他需要情感支持或者亲密感。

贝拉，单身，24 岁

我和马克恋爱一年半了。虽说不是尽善尽美，我们在一起还是很开心。开始的时候，马克在性方面比较稚嫩，这让我有些不满。我可不想一辈子性苦闷！所以，我不得不在床上当他的老师。现在，这些不愉快都成为过去了。还有，我的性格比较活泼，而马克是那种严肃认真、脚踏实地的男人。起初我还觉得他太无趣，不适合我。可是现在我认为马克是最好的选择，他性格既温和又可靠，人品很好。我太爱他了！

依恋风格：__________

答案：安全型。在性方面指导马克，是判断贝拉具有安全型依恋风格的决定性因素。这一点表明，贝拉能够有效地沟通感情问题。她遇到问题，正视问题，相信自己能解决它。假如贝拉是焦虑型的，那么她可能会把马克在床上的拙劣表现归结于自己缺乏魅力。她可能认为，他表现糟糕是因为不够喜欢她。或者，她可能为了保全感情，而默默承受，隐忍不发。另一方面，假如贝拉是回避型的，她不会认为自己有问题，而是会在内心藐视马克的无能，和他保持心理距离，不太可能心平气和地指导他。此外，贝拉对待感情的态度也很豁达，马克不像她最初设想的“白马王子”一样完美，她却幸福地接受他原本的样子，欣赏他内在的品质。假如她是回避型的，她即使接受了马克，也会认为自己上当受骗，心有不甘。最后，贝拉能够真实自然地表达自己对马克的爱意，也显示出她具有安全型依恋风格。

珍妮特，单身，23 岁

我终于遇见了心仪的人，他非常非常棒。他叫提姆，我们见过两次面，我感觉我已经坠入爱河了。找到一个符合自己口味的男人真难，即使找到了，他还不一定会喜欢你。我发现只对某一种类型的男人感兴趣。两情相悦当然最好，可这种概率比较小。这一次，我一定要把每件事都做得尽善尽美，不能有一点儿失误。一不小心出了差错，提姆可能就不喜欢我了。我不想让他感觉我太主动，所以我等他行动。也许我可以给他发条短信？一条内容轻松自然的短信怎么样？要不群发一封搞笑邮件，把他也加在收件人列表里？

依恋风格：__________

答案：焦虑型。珍妮特是典型的焦虑型。她需要亲密感，害怕孤单。恋爱时她十分关注恋情细节。诚然，在爱情开始的时候，所有类型的人都会神魂颠倒，对恋人朝思暮想。然而珍妮特的情况更加严重。她认为，完美的恋情如水晶般难以寻觅而且容易破碎。她还认为自己不能出错，一旦出错就会失去爱情。因此，她每一步都走得小心翼翼，每个行为都要事先在头脑中预想千百遍，才敢付之于实际行动。她想联系提姆，又怕显得自己主动。最后，由于缺乏安全感，她避重就轻，把提姆放在群发列表里，装出不是很在乎的样子，掩盖了自己的真实意图。

保罗，单身，37 岁

我刚和阿曼达分手。我们只交往几个月。从一开始，我就知道自己无法和她共度一生，心里非常失望。开始的时候，我还以为自己找到了理想的女人。可是，慢慢我发现她有一些缺点。第一点，我发现她做过整形手术，这真让人难以接受。还有，她缺乏自信，这点让我反感。一旦对她感到失望，我就不再有任何留恋。我要继续寻找我梦想中的女人。我知道，那个命中注定的人在等我。不管要寻找多久，我都会找到她，然后快乐地在一起。冥冥之间，我能感受到她美丽的笑靥和温暖的拥抱。不管遇到什么挫折，我永不放弃。

依恋风格：__________

答案：回避型。这个案例比较难以判断。保罗渴望遇见梦想中的女人，那他到底是安全型的，还是焦虑型的？其实他两者都不是。他对“完美真爱”的执着追求就是回避型清晰的信号灯。对于自己为什么还是单身，不同类型的人各有各的说法。焦虑型的人总是把单身的原因归结于自己不够好，安全型的人有比较现实客观的理由，而回避型的人的理由往往和保罗的理由一样：没有遇到满意的。令人费解的是，这些人通常已经换过很多个女朋友，怎么会一个满意的都没有呢？为了了解真相，你要寻找他们说话的言外之意。例如，保罗说他后来对阿曼达很失望，言外之意就是他曾经爱过她。随着他们关系接近，他才发现她的缺点，对她失去了兴趣。本来人无完人，无法苛求。回避型的人不喜欢亲近感，很容易跟人疏离冷落，并倾向于贬低恋人。

洛根，单身，34岁

我一辈子只交过三个女朋友，玛丽就是第三个。几年前我们刚认识的时候，玛丽还不相信我的感情史那么清白。她不停地追问，最后，她终于相信，我没向她隐瞒任何过去。明白真相之后，她大惑不解地问我，你谈恋爱这么少，不觉得人生有缺憾吗？不怕成为老剩男？不怕当光棍吗？说实话，我从来没担心过这些事情。当然，我也有寂寞的时候，可是爱情需要看缘分。只要缘分到了，一切就自然而然都来了。遇见玛丽后，我告诉自己，就是她了！我对她一见钟情，很快向她表白了心意。她对我是不是也是一见钟情？这个不好说。不过，我知道，在她接受我的时候，已经深深爱上了我。

依恋风格：__________

答案：安全型。有几点显示出洛根具有安全型依恋风格。其一，他不会一门心思地纠结于感情问题；其二，他不担心找不到女朋友。从这两点，我们可以判断他不是焦虑型的。不过，他的女朋友玛丽有焦虑的倾向。洛根也不是回避型的，这样有三个原因。第一，他能对玛丽坦白自己的过去，毫不保留，玛丽的追问没有引起他的反感，他也不贬低前任女友以博取玛丽欢心。第二，他主动向玛丽表白，这是安全型依恋风格的典型特点。假如他是回避型的，他可能就会若即若离地要一些感情把戏，钓玛丽上钩。最后，他对待感情不斤斤计较。他不计较玛丽什么时候开始爱他，他知道两人相爱就行，不纠结于谁先谁后。

苏珊，单身，33岁

又一个情人节过去了！我必须在今年内找到男朋友。我受够了一个人的日子。我不想独守空房，不想形单影只地看电影，不想自慰，不想随便跟哪个陌生人做爱。我一定要在今年找到男人！我曾经对一段爱情投入太深，结果落得遍体伤痕。我一度对爱情感到绝望，以为自己再也找不到好男人。可是，为了结束单身、尽快结婚，我不能再害怕受伤。我要抱着视死如归的精神，再次投入爱情。不经历风雨，怎么见彩虹？我如果不打开心门，别人怎么能进来？我不要再绝望，我要找到属于自己的幸福！

依恋风格：__________

答案：焦虑型。这篇叙述明显来自一位受过多次伤害的焦虑型女士。她正在一门心思地想着寻找恋人，她想不顾一切地找到伴侣。然而，由于不了解依恋风格，她分不清什么样的人可以交往，什么样的人应该避开，这让她情场失意，屡战屡败。苏珊和案例四提到的保罗非常不同。她要找的并非理想中的完美男人。虽然在爱情中屡次受伤，她还是渴望亲密的爱情。保罗则不是这样，他不找到心目中的“完美女人”就不罢休，为了虚无缥缈的理想形象，宁愿放弃眼前亲密恋人。苏珊虽然以前受过伤害，害怕被再次拒绝，可她还是渴望有人相知相伴。她因为选错对象，和错误的人恋爱，吃过不少苦头。过往的伤害把她吓怕了，让她对爱情几乎绝望。她试着一个人生活，却倍感寂寞。她想继续寻找，却不知道怎么找。如果还采取过去的做法，她就会再次受伤。为了避免这种恶性循环，她应该阅读这本书，了解成人依恋理论，避开回避型恋人，找到一个安全型恋人，好好谈场恋爱。

第Ⅲ章

三种依恋风，找到适合你的另一半

The Three Attachment Styles in Everyday Life

为什么她总喜欢敏感猜疑、小题大做？
为什么他却总是忽冷忽热、若即若离？
千差万别的恋爱表象之下，藏着何种依恋秘密？
解析最真实的依恋风格，找到真正适合你的另一半！

第 5 节

敏感脆弱的焦虑型恋人

Living with a Sixth Sense for Danger: The Anxious Attachment Style

“渐变电影”实验效应　“自虐边缘人格特质”　恋爱不在“舒适区”　TA 为什么不接我电话

拼命联系恋人 假装不在乎　焦虑型的天生克星和完美伴侣　大龄女青年的漫漫寻爱路

19 世纪著名哲学家斯宾诺莎说："一切快乐或痛苦都系于我们所爱事物的性质。"选择爱谁是一件大事，我们一生的幸福都与此相连。尤其是对于准备谈恋爱的焦虑型人士，我们建议你选择安全型的恋人，否则，你会疲惫不堪，甚至生活和未来都会发生消极的转变。

别让你的敏感伤到自己

焦虑型人士在恋爱中最容易受伤，他们最为敏感，最在乎别人的看法，因而总是在自我折磨。他们一旦选错要爱的人，就会像下面阿米尔的同事埃米莉一样冒险受伤。

依恋你我

遇人不淑，差点自毁前途

埃米莉本是一名精神科住院实习医师，但与大卫的相遇改变了她的人生轨迹。参加医师培训之初，埃米莉志在成为一名精神分析师。按照精神分析研究院的要求，在学习课程的前一年，她本人必须接受精神分析。分析每周进行 4 次，她要躺在病人躺椅上，把头脑中出现的一切想法都说出来。开始时埃米莉的表现很优异。她的精神分析师甚至认为她 2 年之内就能完成分析，这是史无前例的事情。要知道，精神科从业人员大多数都要接受 4 到 5 年分析呢。

> 在学业的关键时刻，埃米莉遇到了大卫，并很快倾心于他。大卫是一名雄心勃勃的演艺人员，根本不适合埃米莉。他说要和埃米莉在一起，却又忽冷忽热，把埃米莉的生活完全打乱了。那段时间，我们和埃米莉经常驱车到纽约中央公园的水库边散心。为了不错过大卫的电话，埃米莉不仅带着传呼机，还带着一部板砖似的手机（那时候的手机都很笨重）。她一会儿看看传呼机，一会儿看看手机，唯恐错过他的电话。在工作场合，埃米莉也不能专心工作。工作的时候，她好几个小时都泡在网上，追查大卫的行踪。她到大卫经常访问的聊天室，给自己注册了一个马甲，假装成别的女人和大卫聊天。总之，她的表现有点神经质。
>
> 看到最有前途的学生脱离常轨，发生如此糟糕的变化，埃米莉的精神分析师感到一筹莫展。埃米莉从一个坚忍不拔、性格完整的健康人，变成了一个自虐边缘人格特质患者。在他看来，她不可能在2年内完成分析了。

实际上，埃米莉既没有受虐心理，也没有边缘性人格障碍。只是她的依恋系统被激活罢了。具有焦虑型依恋风格的人，比如埃米莉，依恋系统都非常敏感。前几章我们说过，依恋系统受大脑控制，它的主要作用是追踪依恋对象的动向，观察依恋对象是否安然无恙。由于焦虑型人士的依恋系统非常敏感，很容易激动，他们往往具有敏锐的第六感，能够捕捉恋情的细微变化。哪怕一件微不足道的小事，都能触发焦虑型人士的依恋系统。而一旦依恋系统被触发，他们就不可能保持冷静。只有看到依恋对象出现在面前，听到他们说没事，他们之间的感情也没事，他们才能恢复正常状态。具有其他依恋风格的人可能难以理解这种状态。其他类型人士的依恋系统虽说也会被激发，却不会像焦虑型依恋系统那样草木皆兵，如临大敌。

为了确定焦虑型人士依恋系统的敏感程度，伊利诺伊大学香槟分校的克里斯·弗雷利实验室与克莱蒙费朗第二大学学者葆拉·尼登塔尔（Paula Niedenthal）合作，用一种独特的方法进行了一次测试。

他们让受测试者观看“渐变电影”，这是一段电脑制作的视频。视频中有一张人脸，脸上的表情从愤怒慢慢地演变为平静。实验要求参与者一发现人脸的表情改变，就立刻按下停止键。实验结果表明，具有焦虑型依恋风格的人发现人脸表情变化的时间最短。为了进一步确认，他们又进行了反向实验，即让人脸表情从平静慢慢演变为愤怒。实验结果依然显示，焦虑型人士比其他依恋风格的人更早发现表情的变化。他们的感觉非常灵敏，能比其他类型的人更快速地感知一个人的情绪变化。

同时，实验结果还显示，焦虑型人士的敏感未必能成为他们的优势。焦虑型人士容易过快下结论，造成他们误解别人的情绪感受。只有改动实验规则，让焦虑者在发现人脸表情变化后稍等片刻，或者让他们参考更多信息再下判断，他们才相对其他参与者显示出优势。这给焦虑型人士一些提醒：**不要过早下结论，也别过快做出反应，只要多等片刻，你就能更加准确地理解周围的世界，让你的敏锐真正成为优势。**稍有风吹草动，你就不假思索地回应，只会让你犯下错误，伤害自己。

因为一旦依恋系统被触发，焦虑型人士就难以自已，头脑被许多思绪控制，所有的思绪都指向同一个目标，就是要和依恋对象保持亲近。这一现象在依恋理论中叫做“激活策略”。

激活策略是一系列思想感觉，它们使你强烈渴望在身体或情感上接近依恋对象。激活策略的作用之下，焦虑型恋人会有以下表现：

- 思念依恋对象，无法集中精力做别的事。
- 只记得他们的优点。
- 把他们当成偶像来崇拜，贬低自己的才干，夸大他们的才干。
- 万分不安和焦虑，只有与他们联系上才能缓解焦急情绪。

- 以为他们是自己的唯一，例如：

  “我的性格跟人合不来，到哪里还能找到像他这样包容我的人呢？”

  “我好不容易才找到女朋友，如果这次错过她，我肯定会孤独终老。”

- 即使不开心，也不愿意放手，心里以为：

  “分手的话，她就会成为别人的女友。”

  “他会改的。”

  “所有恋人都有摩擦，我不能因为这些小事就放弃这段感情。”

这时只要依恋对象回应了你，重建你的安全感，你就能够恢复常态，镇静下来。

埃米莉与大卫恋爱时，他们的恋情非常不稳定，导致她的依恋系统一直处在激活状态。埃米莉工作的时候，大卫撒谎说自己在外面试镜，实际上却在不知疲倦地浏览网络色情片。埃米莉还发现，大卫在好几个聊天室跟别的女人调情，包括埃米莉自己假扮的那一个。虽然大卫表现不忠，埃米莉却难以自拔。她不是不想分手，而是激活策略使她割舍不下。激活策略告诉她，人无完人，大卫会改的，再给他一个机会，这么优秀的男朋友不好找……还有许多我们在上面列举的原因。这样蹉跎了有一年时间，埃米莉才忍无可忍，决定分手。在分手前后的很长时间，埃米莉的生活都是一团乱麻，无暇他顾。那段时期，接受精神分析时，她的话题总离不开他。

若干年后，埃米莉和一个好男人结婚了，完全恢复到正常状态。回首往事，她感到惊讶不已。想起自己曾为那段失败感情做出种种“疯狂”举动，还浪费时间为他接受精神分析，她自己都觉得不可思议。要是早一点遇到好男人，一个不经常触动她依恋系统的人，她早就用不着分析自己怎么沾上“自虐边缘人格特质”了。

陷入焦灼猜疑，一切情境皆险景

焦虑型依恋风格的人很容易依恋别人，依恋系统又非常敏感，动不动就激动和紧张，因此很有必要了解依恋系统的运作原理。许多焦虑型人士，比如埃米莉，依恋系统长期处于被激活状态，生活在水深火热中，却不自知。

如果有所了解，他们就能采取一些预防措施了。下一页图示说了依恋系统的运作原理，请仔细观察。

和大卫恋爱的时候，埃米莉的心理状态一直处于危险区。她的依恋系统亢奋地运作，安全感短暂而稀少，焦虑是她情感的主调。这种感觉好像走钢丝，下面没有防护网，她小心翼翼，苦苦挣扎，艰难地维持平衡。由于大卫并不是真心对她，她时时刻刻都能感受到两人的感情受到威胁。在激活策略的作用下，她的思想、感觉、行为都不由自主，想和大卫在一起。只要能在一起，不管是让她浪费宝贵的工作时间，上网装成别的女人，还是让她在接受精神分析的时候滔滔不绝地谈论他，她都愿意。这样，她才能把他放在心里，感觉他并未远离。

所有这些匪夷所思的行为，所有激活策略，都只有一个目的：和大卫在一起。如果大卫真心对待埃米莉，持续给她感情支持，就能对激活策略打个预防针，埃米莉也根本不会这样失常。相反，她会一直在舒适区，不会遇到那么多挫折。

现在，埃米莉早已脱离危险区。她丈夫非常爱她，对她关怀备至，不断给她情感支持。

只是，过去的阴影会偶尔袭上心头。她知道，一旦依恋系统被触发，她又会处于癫狂的状态，那种情景真是让人不堪忍受。假如她再谈一次恋爱，又遇见三心二意的恋人，她可能还会重蹈覆辙，把过去受过的苦再受一遍。一想到这种可能，埃米莉就后怕得直冒冷汗。

他今天没打电话，出事了吗？

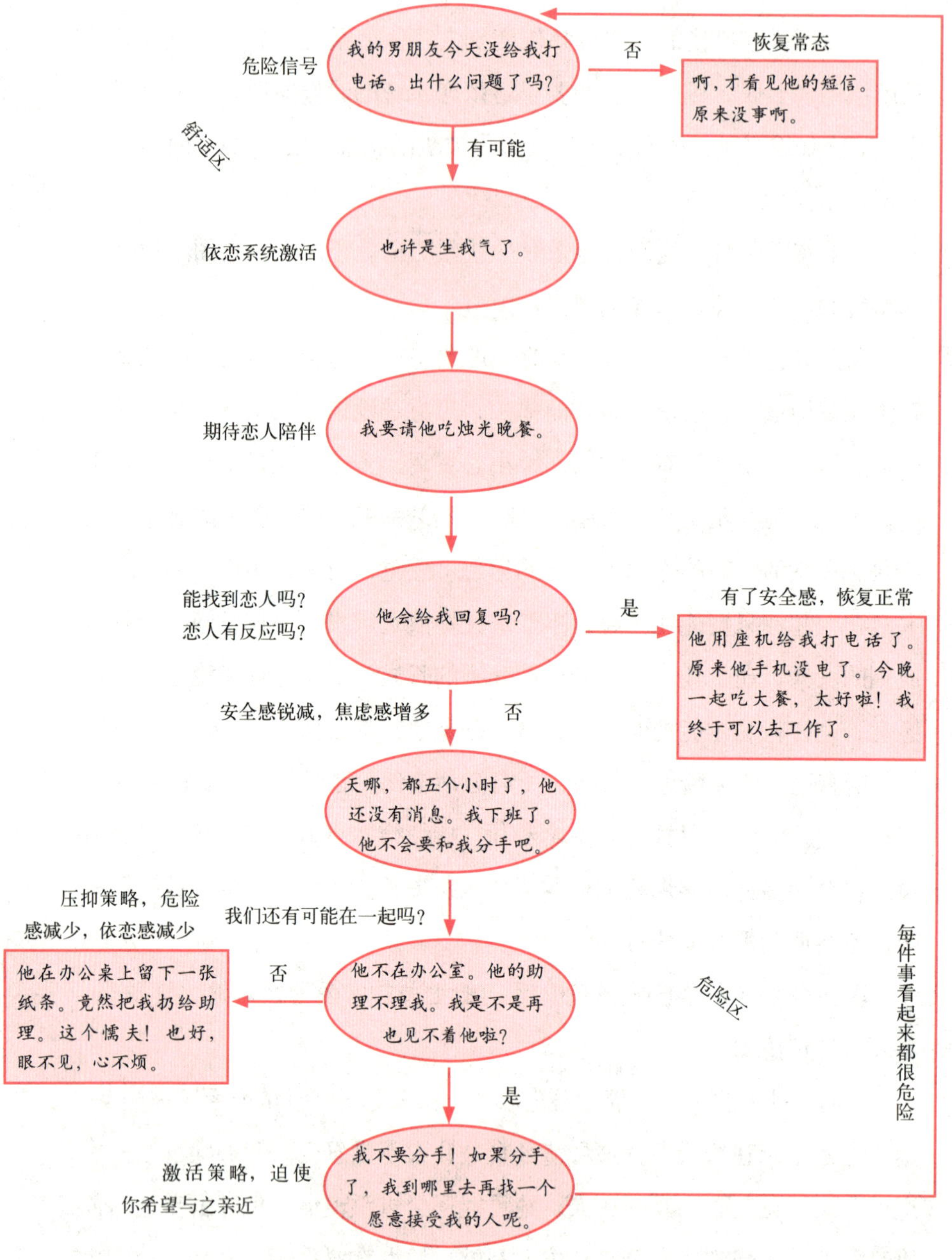

＊依据谢弗和米库林茨于 2002 年发表的综合模式修改

你不接电话，我也假装不在乎

瑞安和肖恩娜是办公室恋人。他们恋爱几月后，瑞安辞职了，跳槽到某大型公司，薪酬丰厚。这以后的工作日，两人就不能像原来一样出双入对了。有一次，瑞安被新公司派去出差。期间，他想念肖恩娜，给她打电话。电话响了两声，肖恩娜就挂断了。肖恩娜从没挂过他的电话，所以瑞安感觉很不对。他又拨一次，这次肖恩娜直接就挂断电话，并关了机。听着手机里传来语音留言的提示，瑞安很受伤。他不知道肖恩娜为什么拒接电话，有点不安，也没给她留言。由于心绪不宁，他在开会的时候也无法集中注意力。他对自己说：既然肖恩娜不接电话，那我出差期间再也不给她打电话了。眼看一场误会就要酿成，幸好肖恩娜一小时后给他发短信道歉，解释她之所以没接电话，是因为老板正在旁边问她工作的事。看到短信后，瑞安感觉如释重负，立马给她回了电话。

瑞安是焦虑型依恋风格，对恋爱中的细枝末节都有敏锐的第六感。对女朋友的行为举动，他一直有细致的观察。他能注意到电话响了几声，肖恩娜才挂掉。他还能准确地推断出肖恩娜一定是先挂断了他的电话，接着又关掉手机。如果是其他依恋风格的人，一定不会注意到这些细节。他过去一直和肖恩娜距离较近，相隔不过三间办公室，这次的暂别是他们第一次分开，他的敏感和焦虑也是正常的。幸好，肖恩娜是安全型的，能轻松自如地应对瑞安的焦虑。她及时和他取得联系，安抚了他一触即发的依恋系统。瑞安和上个案例中的埃米莉都是焦虑型依恋风格，感情际遇却大不相同。由于瑞安的焦虑总能及时得到安抚，他的感情状态一直比较好，从未进入危险区。

你应该已经注意到了，有时候只需要恋人一个小小的举动，比如一条短信，就能使焦虑的心安稳下来。如果小事没有得到解决，那么焦虑者对恋情的担忧就急剧增加，变成了大问题。到那时，一条短信可就无法解决问题了。一旦依恋系统被激活，要使它平静下来，需要花费许多功夫。任何一个恋爱中的人都要尽量避免这种情况。尽快回应恋人的情感需要吧，防患于未然比亡羊补牢轻松得多。

以肖恩娜和瑞安为例，如果肖恩娜没发短信解释，那么瑞安就会继续受到激活策略的影响，不能安心工作。等到肖恩娜打电话给他，他可能会采取防御行为，要么在电话里大发雷霆，要么假装什么事也没发生，但对肖恩娜冷酷无情。这两种做法都会给恋情带来巨大的损伤。

焦虑型人士很容易就觉察到恋人情绪中的微妙波动，并热衷于猜测恋人言行背后的态度。如果一时联系不到恋人，焦虑型人士会从开始的焦急寻找变成猜疑受伤，最终会演变成对恋情的绝望，在这个过程中，焦虑型人士会采取不同的防御行为。防御行为包括所有试图吸引恋人注意、与其重建联系的行为。只要是利用周围情况，使对方不得不注意你、回应你，都是防御行为的表现——

拼命联系恋人：不断拨打恋人电话、发短信、发邮件，焦虑不安地等他给你打电话，在他办公室附近闲逛，希望碰到他。

情感退缩：假装忙着阅读文件，一语不发，不理会他，忽视他的话。

比较双方的付出：留意恋人多久才给你回电话，让他等待相同的时间，矛盾过后等着他先道歉。比如上面例子中，瑞安想如果肖恩娜不接他的电话，他就不留言，这就是在比较双方付出。他认为：“你不接我电话，我就不给你留言。”

表示反感和敌意：在恋人说话的时候翻白眼，不看他，他正和你说话，你突然离开房间，中断谈话。有时候，反感可能升级为暴力冲突。

提出分手威胁：说“我们合不来，也许我们在一起是错误的选择”，“我就知道咱俩不合适”，“我一个人过也比跟你耗着强”。在说这些话的时候，心里其实希望恋人挽留你。

假装不在乎： 不忙装忙，装出不可接近的样子。不接电话，撒谎说自己有事。

故意让恋人吃醋： 约前任共进午餐，和朋友一起去单身酒吧，告诉他有人喜欢上你。

当激活策略占据了你的思想，你就可能采取防御行动，做出伤害双方感情的事情，使两人的关系变得难以挽回。有时，你采取防御行为，自己却意识不到。本书第 8 节的内容能帮助你发现自己的哪些做法属于防御行为，然后教你用更好的方式处理感情问题。即使和恋人已经分手，激活策略和防御行为还会继续长期影响你，这就是分手让人伤心欲绝的原因。昔日的恋人已经离开，我们却难以挣脱自己的往日感受，渴望他们再回到身边。你的理性告诉你，不要再与此人纠缠，然而依恋系统却让你欲罢不能。它顽固而持久，让你在很长时间内都放不下那个人。

焦虑型人士的依恋系统经常处于激活状态，会使生活和情感都受到负面影响。学者们共同进行了一项研究，证实了这一结论。他们要求 20 多名女士在头脑中回想恋爱场景，而后控制自己的思绪，停止回想。通过功能性磁共振成像技术，他们惊奇地发现，焦虑型女性想起不愉快的情感经历，例如吵架、分手、恋人死亡的时候，她们大脑情感反射区呈现的颜色比其他依恋类型的女性颜色更深，而她们的情感调控区，如眶额皮层（人类情绪产生的主要神经机制。——译者注），活跃程度也低于其他依恋类型的女性。换句话说，焦虑型人士的大脑对损失和创伤的反应更为强烈，而负责调控负面情绪的大脑区域却没有得到充分利用。因此，一旦焦虑型人士的依恋系统被激活，就很难恢复平静。

可见，对于焦虑型依恋风格的人来说，了解依恋系统是多么重要啊！只有这样，他们享受幸福圆满的爱情。

对焦虑型依恋风格的人士，我们有两个建议。第一，如果你目前处于单身状态，最好找一个安全型恋人，这样能让你避免许多烦恼。不过，怎么找是个问题。本章接下来的内容将为你解答这个问题，帮助你避开寻爱之路上的陷阱。第二个建议给目前在恋爱或已经结婚的焦虑型人士。我们将帮助你重塑依恋风格，从依恋理论的视角出发，重新审视自己的爱情观念，学习安全型的感情交流技巧。

享受恋爱过山车，小心遇上不该爱的人

我们在本节开头提到了埃米莉，她不了解依恋理论，更不知道自己是焦虑型依恋风格，还有她迷恋的对象大卫是回避型依恋风格。如果对依恋风格有所了解，她就会明白，只有长期稳定、相濡以沫的爱情才能使她保持身心健康，充满活力。而缺乏稳定、态度冷淡的爱情只会使她神经紧张，痛苦不堪。如果她对依恋理论有所了解，她还会明白，回避型的人只会让她徒增烦恼，只有安全型的人，才能平息她内心的挣扎。尽管成人依恋研究证明，焦虑型人士最好找安全型的伴侣，但他们却一再落入回避型恋人的情网。为什么会这样？最重要的是，焦虑型的人怎样才能绕开弯路，避免受伤，找到一个安全型的恋人？

有几项研究分析了不同依恋风格的爱情规律。成人依恋领域的两名学者，美国马萨诸塞大学的葆拉·彼得罗莫纳科（Paula Pietromonaco）和英国南安普敦大学的凯瑟琳·卡尔内利（Katherine Carnelley）一致发现，**回避型的人喜欢把焦虑型的人当作恋爱对象。**

另一项由美国明尼苏达大学学者杰弗里·辛普森（Jeffry Simpson）进行的研究表明，焦虑型女性往往会选择回避型男性约会。为什么会这样？视自由独立高于一切的人，为什么选择最可能侵占其独立空间的恋人？反过来说，渴望亲密感的人，为什么总是爱上与其保持距离的人？

葆拉·彼得罗莫纳科和凯瑟琳·卡尔内利认为，之所以会有这种情况，是因为这两种依恋风格在某些方面相反相成。这两种人在恋爱时，能互相强化彼此的自我认知和爱情观念。通过和焦虑型的人恋爱，回避

型人士会更加认为自己内心坚定，独立自主，觉得恋人总想依附于他，剥夺他的自由。焦虑型人士和回避型人士恋爱，就更加认定自己依赖过度，好像永远无法逃离被恋人伤害的魔咒。这两种类型之间存在着一种致命的吸引，使伤痛不断重演，错谬的爱情观一次又一次地得到强化。

除了上述原因，焦虑型人士之所以喜欢回避型恋人，可能还另有隐情。以埃米莉为例，大卫的若即若离让她感到苦恼不安。焦虑型人士和回避型人士开始恋爱时，通常都会有这种感受。到感情下一阶段，回避型人士对恋人的态度仍然模棱两可。他不定期地给你打电话，让你感觉他虽然喜欢你，却还没定下心来。他让你的心里充满猜测。由于恋情的不确定性，你的依恋系统处于激活状态，你常常思绪万千。他偶尔说点甜言蜜语，制造一点浪漫，让你心跳加速，欣喜不已，不幸的是，这种快乐转瞬即逝。很快他又冷淡下来，你的心情随之跌入谷底。和这种人谈恋爱，你好像坐上了感情过山车。你的生活紧张不安，充斥着悬念和未知。你总在不安地等待他给你一点抚慰。不久之后，你习惯成自然，竟然开始认为焦虑不安、思虑重重、欲罢不能等负面的感受就是爱情。其实，你只是在依恋系统的影响下，永无宁日地期望复失望，并误以为这些是爱情应有的状态。

就这样，长期处在挣扎与焦虑中，你抱着错误的爱情观，总是爱上那些不可能使你幸福的人，任由自己的依恋系统如大海波涛一样起伏不定，而这和甜蜜爱情的本意相去甚远。鲍尔比和安斯沃思认为，作为人，我们需要一个“安全基地”提供力量和安慰，只有依恋系统保持稳定，“安全基地”支持我们，我们才能繁衍生息、良性发展。

所以你要告诫自己，长期处于激活状态，焦虑不安、心潮起伏，这绝非爱情。下次恋爱时，假如对方又令你忧心忡忡、寝食难安，偶尔有一瞬间的幸福，却如流星般消逝天际，接着又是漫长的无望等待……这些负面的生活状态只是依恋系统激活的结果，并不是爱情的表现。真正的爱情会带来心灵的平静，正如“静水流深”，真爱总是平和悠远的。

焦虑型的恋爱克星：回避型	
焦虑型	回避型
渴望亲密感。	希望保持一定的心理距离和身体距离。
心思敏感，害怕拒绝。	忽冷忽热，常常发出拒绝信号。
不善于交流自己需要什么、因为什么烦恼，采取防御行为。	不善察言观色，也不认为自己有责任关注恋人的言行。
需要爱和抚慰。	总是让你伤心，制造距离感，以满足自己的依恋系统。
渴望确定的恋爱状态，希望恋情有清楚的眉目。	喜欢模棱两可。即使交往时间较长，还是给你不确定感。

然而在寻觅恋人的过程中，你会遇见许多回避型的人。为什么？请思考下面 3 个原因：

- 回避型人士很轻易就分手。一项研究发现，在所有离婚又再婚的人中，回避型人士婚姻再次破裂的比率更高。他们善于压抑真实感情，离婚或分手后很快就恢复如初，再次加入寻找恋人的行列。结论一：回避型的人经常单身，长期都在寻找恋爱对象。
- 安全型的人通常不会谈许多次恋爱。他们可能谈少数几次恋爱，就安定下来。安定之后，他们轻易不再更改。结论二：安全型人士大多有了爱人，不再寻找恋爱对象。
- 研究发现，回避型人士不太可能和同类恋爱，因为两个人会互相排斥。研究人员采访了许多对恋人，几乎没有发现一对双方都是回避型的恋人。结论三：回避型的人不和同类恋爱，而更倾向于寻找具有其他依恋风格的恋人。

把上述 3 条因素综合在一起考虑，我们不难发现，你每遇见一个新的候选恋人，他都很可能是回避型的。这个几率远远高于他们在人口中所占的 25% 的比例。他们不仅仅经常分手，容易进入单身行列，还不与自己的同类恋爱。由于安全型人士大多数都已有稳定恋情，他们也不太可能和安全型的人恋爱。这样一来，他们的备选对象只剩下哪些人？你猜对了，就是焦虑型依恋风格的人。

流行恋爱指南只会让你吸引错的人

流行的恋爱指南充斥着错谬。它们告诉你，要“钓”到恋人，你就要若即若离，欲拒还迎，不忙也装忙，不打电话，等着对方主动来电，不要表现出恋爱饥渴的样子，要保持神秘感。这样，你才能保持自己的尊严和独立，获得恋人尊重。

但事实上，这些做法都是自欺欺人。假装坚强独立对自己有什么好处？不错，这样做使你看起来神秘迷人，也许真的魅力十足。但是，推崇这些指南的人对成人依恋一无所知，一点都不知道这么做的后果是助纣为虐。你如果盲从这些“指南”，那你会更加符合一种人的胃口，就是回避型人士。为什么这样说？因为这些所谓的指南提倡违反自己的真实感受，把感情进度、进展方式的决定权都交给对方。

回避型的人既要享受，又不想负责。他享受你带给他的喜悦，而不考虑你是否需要亲密。你如果掩饰真实需要，带着面具谈恋爱，对方就更不会注意到你的感受，他想来就来，想走就走，反正你一直假装不在乎。

你会说：“我知道流行的恋爱指南靠不住，但我想把它当作吸引异性的手段，暂时使用那些策略可以吗？”答案也是否定的。第一，回避型的恋人很快就能发觉你的真实意图，他们很善于防备那些企图与他们亲近的人。第二，假如你演戏演够了，决定露出真实的一面，把自己需要亲密感、希望长相厮守、放下一切防备心理的真实想法托盘而出，那么对方就会立刻对你冷淡下来，转身就走。不管怎么样，你盲从流行指南的结果都是输，因为它们给你引来了不合适的恋人。

也许风平浪静才是你需要的爱情

假如你幸运地遇到一个安全型的候选恋人，那么你会选择把握机会与之相恋，还是选择让机会溜走？并不是每个人都能做出正确的选择。

几年前，发生过这样一件事。雷切尔想撮合邻居克洛艾和熟人特雷弗。特雷弗当时在念医科学校，和他交往 10 年的女朋友突然离开了他。他是真正的安全型恋人，从 18 岁到 28 岁，就只有这么一个女朋友。由于失恋，他伤心了很长时间，最后终于振作起来，重新寻找感情。他来自于一个生活富裕、教养良好的家庭，长相英俊，富有幽默感，热爱体育运动，意志坚强，处事果断。这应该是符合完美恋人的条件了吧？然而，克洛艾对他并不满意。

克洛艾见了他一面，对他丝毫不来电。她虽然认为特雷弗既英俊又潇洒，却觉得跟他没有爱情的火花。最后，她拒绝了特雷弗。这令雷切尔感觉不可思议，摸不着头脑。

回头来看，我们很容易理解为什么克洛艾会拒绝特雷弗。焦虑型人士与回避型人士恋爱的时候，总能感觉到心神激荡，而与安全型人士交往，只会感到风平浪静，感情乏善可陈。安全型人士态度真诚，有什么就说什么，说什么就一定争取做到，从不声东击西、左右试探。他们也不会玩若即若离的感情游戏，他们的爱情相对平和，没有什么悬念。就是这样，焦虑型人士遇到安全型人士的时候，其依恋系统一直处于平静状态。由于已经习惯了错把惊心动魄当爱情，身处平淡的恋情中，他们怅然若失，觉得这种感情不是真爱。由于错误的爱情观，他们容易与完美恋人失之交臂。

克洛艾误以为紊乱的依恋系统是爱，就不可避免地多受些苦楚。她

焦虑型的完美伴侣：安全型	
焦虑型	安全型
渴望亲密感。	喜欢亲密感，不会故意与你保持情感距离。
心思敏感，害怕拒绝。	言行一致，性格可靠，不会忽冷忽热，让你不安。
不善交流自己需要什么、为什么烦恼，而是采取防御行为。	重视你的情感，尽力读懂你的言行。
需要爱和抚慰。	容易与你分享内心感受，告诉你他的心意。
希望恋情有清楚的眉目。	感情非常稳定，喜欢经营长期关系。

跟着感觉走，选择自信迷人的托尼当男朋友，后来还嫁给他。然而，托尼不是一个好丈夫。他一有机会就让克洛艾伤心。

幸运的是，特雷弗和克洛艾的感情虽然各自都历经波折，后来却都有幸福的结局。特雷弗很快就找到一个合拍的女朋友，从那以后再也没分开过。他们一起环游世界，结为夫妇，生儿育女。他成为一个好丈夫、好爸爸。克洛艾和托尼煎熬几年之后，终于意识到自己需要一个安全型恋人。她离了婚，认识了一个像特雷弗一样善于关怀恋人的好男人布鲁斯。

幸福或不幸，不只是命运的决定。只要别错把惊心动魄当爱情，不要因为若即若离的感觉而上钩，谁都可以像特雷弗和克洛艾一样，收获属于自己的幸福爱情。

做真实的自己，吸引真正合适的人

1. 承认自己真实的情感需要

我们建议你承认自己的真实需求。这并不意味着你要跟着感觉走，总是跟在恋人身后、满足恋人的每个愿望，或不断给恋人打电话。我们建议你更改思维方式，以更好的方式找到并且维系恋情。你如果是焦虑型依恋风格，就会有焦虑风格特定的感情需要。这些需要得到满足了，你才会真正感到幸福。所以，首先你要承认自己需要亲密陪伴和安全感，然后才能去寻找一个能满足这些需要的恋人。你的需要合情合理，需求本身没有好坏之分。如果有人说你“苛求感情”“依赖感强”，你不要把这些话放在心上。你感觉单身生活不好，想有个亲密爱人，想找个人依靠，也都是光明正大的欲求，无需为之感到羞愧。

承认自己的情感需要之后，你要观察你的候选恋人，看他们是否适合你，能不能满足你的情感需要。再强调一遍，不要盲从流行的恋爱指南，一心想着改变自己、迁就恋人。你要考虑的是，这个人能满足你的需要、给你幸福吗？

2. 尽早看出哪些人是回避型，不要和他们深入交往

尽早分辨出哪些人是回避型依恋风格，避免和他们深入交往。怎么样才能分辨别人的依恋风格，我们在前文已经讲过了，你可以回头看看。此外，还有一些其他办法，能让你看出来谁是回避型。在福尔摩斯侦探小说里，作者柯南道尔使用了“冒着烟的枪”这个词，来形容犯罪证据确凿。后来，这个词不仅仅成为犯罪铁证的代名词，也用来指代任何疑难问题的关键证据。现在，我们借用柯南道尔的话，看看哪些表象可以成为回避型依恋风格的铁证：

- 忽冷忽热——对你态度模糊，暧昧不明。
- 期望完美恋情——以微妙的方式让你明白，完美恋人不是你。
- 执着地想念梦中情人——总能发现恋人的缺点，满腹怨言，不愿意经营一份长期稳定的感情。
- 不顾你的情感需要——你和他谈感受，他好像没听见。
- 责怪你苛求、敏感、反应过度——叫你别胡思乱想，让你觉得是自己出了问题。
- 无视你提出的某些问题——不做回答，改变话题。
- 像法官一样铁面无私——只顾事实，不顾及你的感受。
- 听不进去你说的话——你努力和他交流，告诉他你的需要，他装作没听到，或者直接无视你的话。

请注意，证明依恋风格的不是某一个具体行为，而是一个人的整体态度。如果恋人对你们的关系态度暧昧，不重视你的感情，这才是需要警惕的信号。甜言蜜语不可信，行为表现才是衡量的准绳。

怎么才能尽早发现这些“冒着烟的枪”，证明一个人是回避型依恋风格？答案是，做真实的自己，才能发现真实的对方。

3. 做真实的自己，积极沟通交流

勇敢地表达自己的真实需要吧！大多数焦虑型人士都屈从社会规范，落入流行恋爱指南的圈套。他们误认为，自己的情感需求有错，只要恋人想保持一定距离，他们就要努力配合，不越雷池一步。为了被社会观念接受，他们假装态度冷静，独立自主，他们隐藏自己的真实意愿，掩饰自己的不满足。

如果你也这样做，你真是大错特错。你要明白，袒露自己的真实需要，能同时达到两个目标。第一，做真实的自己，你才会感到真的快乐，而真正的快乐在恋人眼中是最大的魅力。第二，做真实的自己，袒露真实需要，你就能尽早发现恋人能不能满足你的情感需要。要是对方不愿意满足你的需要，该怎么办？不要在意。他爱距离感，就让他去找别人吧。你可以继续寻找那个能给你幸福的人。

做真实的自己、袒露自己的真实需要对你的幸福而言极为重要。为了说明这一点，我们在这里举一个反面教材。

阿米尔有一位患者名叫珍妮特。她那年28岁，和布赖恩已经交往一年，可是布赖恩要和她分手。他重视个人空间，不想走进婚姻的围城。这使珍妮特非常痛苦，几个月都没能恢复过来。分手之后，她还不忘旧情，仍然以为自己还能和布赖恩在一起，也几乎不考虑和别人约会。半年之后，她的苦等仿佛有了结果。布赖恩竟然打电话来，提出同她复合。珍妮特欣喜若狂。他们复合几周后，阿米尔问他们相处得如何。她说，和过去一样，没有什么进展。她知道布赖恩不愿意做出承诺，所以不逼他，让他来决定感情进展，以免再把他吓跑。

阿米尔强烈建议让她不要重蹈覆辙，这次一定要说清楚自己需要什么。既然是布赖恩提出复合，他就必须证明自己的诚意，证明自己值得珍妮特去爱。阿米尔还建议她清楚地向布赖恩说明："我非常爱你，但我需要知道你的心意到底如何。我不能只是被动地等你来电，我想每天都能和你说话。我不想再隐藏自己的需要，也不想每天提心吊胆，总是担心你离开。"

遗憾的是，珍妮特一直没有听从阿米尔的建议。她相信，只要自己耐心等待，给布赖恩足够的时间和空间，他总有一天会浪子回头，并感激她的付出。她还以为，只要她默默付出，外表保持冷静，表现出自信的样子，他就会喜欢她。然而，事情的发展不遂人意。布赖恩继续我行我素，完全不为她考虑。他们的关系日渐恶化，打电话越来越少。最后，他连分手都没说，就彻底从珍妮特的生活里消失了。

如果珍妮特从开始就做真实的自己，积极表达自己的感受和需要，她早就能和布赖恩了断关系。毕竟，她已经竭尽全力，是布赖恩毫不珍惜，不理会她的情感需要。如果布赖恩对珍妮特心存爱意，并且愿意珍惜她，那么从复合那天开始，布赖恩就该知道这一次和从前不同，他不能再只顾自己，还要考虑珍妮特。他会清楚地知道自己应该怎么做，不会不明不白地和珍妮特分手。

做真实的自己，才是恋爱的上策。关于怎么做真实的自己，如何进行积极有效的沟通，请参考本书第 11 节。

4. 要知道，有很多人都可能适合你

我们前不久提到过，单身人士里有很多都是回避型。与此同时，也有许多其他类型的人，他们也很优秀，可能适合你。让自己多尝试一些，不要太早锁定一个人，而且尽量避开明显具有回避型特点的人。

你的思维方式需要转变。你倾向于认为，遇到合适的人的几率很小，但是事实并非如此。有许多人个性迷人、头脑聪慧，都可能给你幸福。你要多认识一些人，多多尝试，就更有机会找到一生的伴侣。这是简单的概率问题，你尝试交往的人越多，找到心仪对象的概率就越大。

当然，谈恋爱也不是概率那么简单。你如果是焦虑型依恋风格，共度一晚，或者一个亲吻，那个人就占据了你的心，主宰了你的依恋系统。你从此渴望和那个人保持亲密，甚至不惜代价地讨好那个人。然而，你还不了解这个人，还不确定自己是否喜欢他。你如果过早对一个人神魂颠倒，就失去了判断他是否合适的能力。

要记住许多人都可能适合你，你才能保持客观评价潜在恋人的能力。要有意识地降低依恋系统的敏感性，不要让它控制你。开放自己的依恋系统，多观察几个人，看谁最爱你，而不要为了一个人惊慌失措。有许多人都可能给你尊重和爱护，因此不要太早地把全部希望寄托在一个人身上。如果哪个人让你没有安全感，或者故意让你自卑，就尽早排除和此人交往的可能。发现有谁对你无情无义，就不需要浪费时间在他们身上。

在网络时代，由于沟通方式简单快捷，你可以同时多考察几个人。清楚表达自己的需求和愿望，也不用害怕把某人吓跑，不用遮掩自己的真实感受。这样，你才能在陷入爱河之前，看出谁可以满足你的需要。

大龄单身女青年的寻爱心路

对于今年31岁的妮基，这种方法像魔法一样好用。妮基富有魅力，容易相处，聪明幽默，谈恋爱却总是撑不过几周。因为她是高度焦虑型依恋风格，她渴求亲密感，却屡屡受到打击。单身似乎是一种魔咒，以至于她自己都相信自己注定孤单。

在恋爱的时候，她非常敏感，容易受伤。受伤了也不表达，而是采取防御行为：不接电话，不理对方，弄得感情总是夭折。之后，她又自己折磨自己，头脑被激活策略控制。她一遍一遍地回想所有的事，不忘旧情，不愿放手。此外，由于性格沉静，寡言少语，不主动打电话，她吸引了许多回避类型男人。这些男人享受缺乏沟通的状态，可妮基总是不开心。

最后，她听从了我们的建议，请朋友们帮她留意适合的对象，她自己也在好几个交友网站上注册了账号。她见了许多人，提高了遇到安全型对象的几率。

由于要见的人多，她没有时间专门为某一人焦虑，她对爱情的态度转变了。以前，她对恋爱操之过急，认为合适的人很少，每遇到一个心动的人，她就认为这是获得幸福的最后机会。现在，她虽然见了许多条件不佳的男人，偶尔也会感觉失望，但是她思维模式变了，爱情观念也变了，不再像原来那样因为爱情感到焦虑。

她发现，许多人都认为她很有魅力。即使最终没有成为恋人，她也不再把原因归结于自己存在缺陷。她的自信大幅提升，自信令她神采奕奕。

当她心动的对象开始疏远，她可以轻松放手，不继续浪费宝贵的时间。她告诉自己："这个人不适合我，下一个人可能适合。"

即使遇见非常喜欢的人，她也不会顿失方寸。她不再那么敏感，不再频繁采用防御行为扼杀自己的爱情。

这样不停地寻找1年后，她遇到了乔治。乔治善解人意，温和宽厚，十分宠爱她。她对他敞开心扉，袒露自己对他的需要。现在，他们已经幸福地在一起。她笑称，遇见乔治是命运的安排，她本人也积极地参与了命运的安排。她和他成了他们朋友圈里最稳定幸福的一对儿，甚至比大学时代就在一起的恋人更加甜蜜。

5. 给安全型人士一个机会

如果遇到适合的对象，却把握不住机会，那么候选人数再多都将没有意义。因此，当你遇见一个安全型的潜在恋人，不要太早否决他。开始的时候，你可能觉得他很乏味。你的依恋系统也感觉风平浪静，缺乏戏剧化的刺激感受。虽然你本能地感觉不来电，但是不要太快做决定，要给自己一段时间慢慢感受。你接受了认为平平淡淡就是缺乏激情的观点，而这一时难以修正。只要多给平淡的感情一段时间，你就会发现，依恋系统平静也是一种幸福，细水能长流，平平淡淡才是真。

作为女性，可选择的安全型男士会更少吗？这是我们可能都会犯的一个常见错误：认为依恋类型如果可以按性别划分，回避型的人都是男性。然而，研究结果证实，许多男人都不是回避型的，而是安全型的。他们会积极交流，充满爱意，不会因为吵架变得疏远，而会在情感上支持配偶。另一个常见错误是，我们总把焦虑型和女性联系在一起。实际上，大多数女性都是安全型的。与此同时，也有许多男人是焦虑型的。还有一些女性是回避型依恋风格。要记住，大多数男性和大多数女性都是安全型依恋风格。最重要的是，其实依恋风格和性别没有必然联系。

最后还要和焦虑型人士说一句话：依恋理论对焦虑型男女的帮助是最大的。虽然你感觉爱情破碎，非常失望，对自己的依恋系统无可奈何，但只要你了解依恋系统，知道什么样的感情能带给你安全感，什么样的感情会令你情绪崩溃，你的爱情就会幸福得多。我们亲眼见证了许多人在不幸福的爱情中痛苦挣扎。他们了解应用依恋原理之后，采用这一节里给出的建议，就可以走进感情的新阶段，一个更有安全感的阶段。他们最后都摆脱了孤单的状态，找到了渴望已久的亲密恋情。

第 *6* 节

自由而孤独的回避型恋人

Keeping Love at Arm's Length: The Avoidant Attachment Style

独行侠阿甘　逝去的恋情才美好　无比怀念单身的自由时光

“能够与人分享的幸福，才是最值得追求的幸福”　“我还没准备好……”　触不到的“完美情人”

独行侠的潇洒与落寞

很多人都喜欢独行侠的角色。他们闯荡天下，无羁无绊，不用牵挂别人。从影视剧中的虚构角色，例如《阿甘正传》中的阿甘，到实际生活中的人物，比如生态学家戴安娜·福西（Diane Fossey），这些孤胆独行侠都具有强烈的个人准则和伟大理想。

能够与人分享的幸福，才是真正的幸福

在乔恩·克拉考尔的畅销书《荒野生存》（*Into the Wild*）里，主人公克里斯·麦坎德利斯学业优秀，体格健壮。为了摆脱庸碌无为的平凡生活，他向广阔的阿拉斯加荒野进发。他独自行动，装备简陋，下定决心不依靠任何人，独自闯荡阿拉斯加。一路上他遇见了好多人，包括一个愿意当他父亲的老人，一个爱上他的少女，一对请他留下一起居住的夫妇。然而，他都不为所动，坚持一个人走下去。

抵达最终目的地之前，克里斯遇到了生命中见到的最后一个人，即愿意载他一程的加利安。在驶向巍峨群山的路上，加利安几次试图说服克里斯不要进山，然而克里斯毫不动摇。看他这么顽固，加利安又提出载克里斯去安克雷奇（美国阿拉斯加州最大港市，美国空运中心。——译者注），到那里给他买一些先进的装备。克里斯回答说：“谢谢你的好意，不过我现在的装备够用了。”加利安又问他，父母朋友是否知道他的冒险计划，万一他逾期未归，他们可以报警。克里斯镇静地回答：没人知道这个计划。实际上，他3年没有和家人联系过了。他向加利安夸口说：“绝对没问题。没有我自己处理不了的事情。”

和加利安道别后，克里斯穿过一条冰冻的河流，进入密林深处，从此完全与世界隔绝了。接下来几个月里，克里斯独自在荒野求生，打猎觅食，顽强地存活了下来。然而，春天到来的时候，他却回不去了。

他原先穿过的那条河流已经解冻，河水伴着雨水和融化的冰雪湍急地流动，河面也变得宽阔，阻断了他回到文明世界的道路。克里斯别无选择，只得回到简陋的营地，最后死在那里。在生命的最后时刻，他在日记里写道：“能够与人分享的幸福，才是最值得追求的幸福。”

在生命和感情的旅途中，我们可以把回避型依恋风格的人比喻成独行侠。他们好像克里斯一样，把独立自由看成最理想的状态，轻视依赖别人。如果你是回避型依恋风格，那么克里斯最后终于明白的道理——幸福要与人分享，也是你能够体验真正幸福的关键所在。

本节我们将分析，为什么你即使和心爱的人在一起，也要保持一定距离，就像个独行侠一样。我们会帮助你理解你在恋爱中种种匪夷所思的表现，以及它们如何阻碍你获得幸福的爱情。即使你本人不是回避型，那么你身边可能有回避型的人，你要和他们打交道，就要了解他们种种行为背后的原因。

生存优势，恋爱劣势

学者们相信，多元的依恋风格，增加了人类在各种环境下的生存几率。由于我们的老祖先主要过着紧密联系的群居生活，互相依赖、彼此合作是保障群体生存和繁衍后代的最好方法，所以安全型依恋风格一直是最有利于人类生存的风格。

然而，为了保证人类在各种条件下都能生存繁衍，有必要考虑其他生存策略。史前时代，有些人生于严酷条件下，大批同类因为饥饿、疾病和自然灾难丧生。他们必须具有除集聚、群体行动之外的技能，才能活下去。这时，那些能够不依靠别人生活、独立自主的人，就显示出他们的优势。在极端恶劣的环境中，独立的人更善于参与抢夺有限的生存资源的竞争。因此，在进化过程中，一部分回避型风格的人保持了自己的基因。

遗憾的是，史前的某些生存优势，对于生活在现代社会的人来说，已经变成了劣势。克里斯就是这样，如果他愿意和别人合作，他可能还活着。研究表明，现在社会中回避型依恋风格可能是一种不幸。如果你是回避型依恋风格，你的爱情往往不得善终，你从爱情获得的满足感也比较少。

不过，对于回避型人士来说，不光有坏消息，还有好消息。回避型依恋风格并非注定了爱无能，回避型人士也大可不必成为进化的牺牲品。通过学习一些安全型技巧，回避型人士的爱情可以更加幸福。

他们真的不需要感情吗

如果一个人是回避型依恋风格，就一定会所有表现。你对爱情的期望、对感情问题的处理方式、对恋人的言行和态度，无不受到这种依恋风格的影响。不管你是单身，还是在恋爱，即便是在一段稳定的感情里，你总是尽量与恋人保持距离。

苏珊就是回避型依恋风格。她形容自己是个自由的精灵。她也会恋爱，有的恋情还长达一年。然而，最后她会对他们感到厌倦，接着找下一个对象。她开玩笑地说，自己伤了“一串儿男人的心”。她视依赖感为软弱，瞧不起依靠恋人的软柿子，称恋人之间的亲密是“画地为牢”。

从种种迹象看，苏珊和其他回避型人士是不是真的不需要亲密感？他们是否不需要依靠任何人？如果是这样，这不是和依恋理论的前提、假设相矛盾吗？难道有人真的不需要亲密的感情吗？

这些问题并不容易回答。回避型人士对待感情的态度并不直截了当。他们倾向于压抑真实的感受，不表达出来。普通的日常交流并不能解释回避型人士的思维方式，只有科学研究才能发现他们内心的真实状态。通过先进的研究方法，学者才能发现他们潜意识中真实的自我。下面的实验向我们展示了回避型人士真实的心理状态。

通过六次独立的实验，学者们试图解析回避型人士对爱情的真实态度。这些实验让参与者辨认显示器上的文字，并测算他们要花多长时间。认出一个词语所需的时间越短，就意味着这个词语在参与人员头脑中活跃程度越高，受到的压抑较少，反之亦然。

实验结果发现，回避型人士很快就能认出和恋人弱点相关的“需要”“依赖”这类词语，而认出和自己依恋需求相关的词语，例如“分离”“争吵”和“失去”，则需要更长时间。从实验结果来看，回避型人士倾向于贬低恋人的价值，认为他们性格软弱、有依赖心理。他们在内心深处也害怕失去恋人，却下意识地压抑这种担忧。他们轻视恋人的依赖感，好像不需要依赖任何人。事实真的是这样吗？

我们继续来看实验。在实验的第二部分，研究人员交给参与者一些其他任务，分散他们的注意力。在回答谜语、解答问题的同时，参与人员要完成辨认词语的任务。这时，回避型人士由于注意力被分散，自我压抑的能力减弱，他们对爱情的真实想法和感受才浮出水面。在这些情况下，他们和其他类型的人士一样容易认出与自身感情相联系的词语，例如“分离”“争吵”和“失去”等。

这些实验证明，即使你是回避型，你也有依恋系统，你其实和别人一样害怕分离。与别人不同的是，只有当你忙于应付其他问题，放下心理防御的时候，真实的情感和感受才能显露出来。

这些实验还告诉我们，回避型人士，例如苏珊，实际上都不是自由精灵。他们只是设立了心理防线，让自己看起来像独行侠而已。苏珊贬低依赖感，贬低依赖家人或者恋人，其实是心理防御使然。一些研究发现，当遭遇重大人生变故，例如离婚、孩子遭遇重创或军事动荡等，回避型人士的心理防线会很快崩溃，他们的表现会变得和焦虑型人士一样。

明明需要亲密，却拼命压抑

回避型人士通过哪些方式压抑自己的依恋需要，和恋人保持距离？为了与最亲近的人保持情感距离，他们使用了各种方法：他们频繁使用压抑策略，在头脑中培养一些根深蒂固的看法和观念。让我们仔细地看看具体的方法吧。

- 迈克，现年 27 岁。过去 5 年中，他有一段稳定的感情，却总认为恋人智力不如自己。他们彼此相爱很深，但迈克内心深处对这段感情不满。他隐隐约约地感到缺了点什么，仿佛更好的对象在未来不远处等他。
- 凯亚，现年 31 岁。她和男友已经同居 2 年，却无比怀念单身的自由时光。她忘了自己单身的时候感觉既孤独又压抑。
- 斯塔夫罗斯，40 岁。他是一名外形英俊、风度翩翩的企业家。

他非常渴望结婚生子。他寻找妻子的条件相当严格，她一定要年轻，最多不超过28岁，美貌漂亮，事业心强。此外，她必须愿意跟他回希腊定居。他找了10年，还是没有找到这样的女人。

- 汤姆，49岁。他和深爱的女人结婚20多年了，现在感觉备受束缚。他一有机会就单独行动，独自旅行，或者和朋友一起活动。

上面所有人有一个共同点：他们都是回避型依恋风格。他们即使恋爱或结婚，而内心深处仍然感到自己是一个人。安全型人士认为接纳伴侣很容易：他们接纳伴侣的一切，包容伴侣的缺点，他们依靠伴侣，相信伴侣是独一无二的。然而，回避型人士都不具备这种心态。回避型人士和恋人在一起，总会保持一定心理距离，随时准备从感情中撤退。与另外一个人亲密相连、相濡以沫，两人融为一体，是他们难以接受的状态。

为了和恋人保持一定距离，迈克、凯亚、斯塔夫罗斯和汤姆使用了各种方法，这些方法都属于压抑策略。压抑策略包括任何扼杀亲密感的行为或想法。我们的依恋系统渴望亲密感，渴望与恋人接触，而压抑策略的作用是抑制依恋系统。回避型人士也需要亲密的感情，却一直努力压抑这种需要。一个回避型人士使用的压抑策略越多，就越感到对恋情不满意。下面列举了一些常见的压抑策略，请仔细观察：

- 对自己说“我还没准备好迎接感情”，却依然和恋人在一起，有时长达几年。
- 关注恋人的小缺点，例如对方说话的样子、衣着打扮、吃相等，让这些影响自己的感情。
- 思念前任，把那个人完美化。
- 拈花惹草，或卖弄风情，让现有恋情充满不安定感。

- 不说出“我爱你”，却让别人误以为你对TA有意思。
- 恋情一有进展，就开始疏远（比如，在一次亲密的约会过后，连续几天不给对方打电话）。
- 和不可能有未来的人交往，比如和已婚人士纠缠不清。
- 恋人跟你说话的时候，你思想开小差。
- 为了保持独立感，几乎不和恋人分享心事，保持神秘。
- 避免身体亲近。例如，不愿在一张床上睡，不想做爱，不和恋人肩并肩手挽手走路。

回避型人士每一天都在下意识地以微妙的方式使用这些压抑策略，提示恋人或者准恋人不要影响他的独立空间。然而，这些策略并不能保证他的独立，反而阻碍了他的幸福。

仅仅使用压抑策略，还不足以让回避型人士保持距离感。回避型人士的头脑里存在着一些根深蒂固的想法和观念，压抑策略只是冰山之一角。**顽固的偏见和压抑策略一起构成了回避型人士与恋人保持距离的因素，它们让回避型人士渐渐远离幸福。**

自我与偏见让他们更孤独

回避型人士对恋人抱有偏见，恋人说什么、做什么，都得不到他们的认可。他们完全意识不到带有偏见的思维模式有多大破坏性。

错把“自我依靠”当独立

29岁的乔说：“在成长过程中，我父亲不断告诫我，不要依靠任何人。他经常对我说：‘你只能依靠自己！’这句话成了我的座右铭。在接受心理治疗之前，我一直都把它奉为真理。我曾经对自己说：‘谁需要恋人支持呀？我可以靠自己，干吗把时间浪费在另一个人身上？’我的咨询师让我看到事实，他说：‘只能靠自己？瞎说！你必须依靠别人，你无时不刻都在依靠别人。我们每个人都依靠别人。’我认识到他说得对。这成了我生命的转折点。我放下了以往那些如同强迫症一样的观点，放下了自我孤立的想法，感觉如释重负。”

许多人就像乔一样信奉自我依靠，结果却倍感孤独寂寞。研究表明，信奉自我依靠和缺乏亲密感紧密联系在一起。回避型人士虽然自信满满，认为不需要依靠他人，可他们要为此付出代价。由于过于自我，他们在感情中感受到的亲密感最少。他们不太愿意袒露心声，不会寻求别人帮助，无法尽情享受亲密感。

乔的情况清楚地说明，“只能依靠自己”的观念是一种负担，而不是优势。在恋爱中，自我依靠使你难以和恋人亲近、分享亲密的信息，也难以和恋人享受水乳交融的关系。实际上，自我依靠和独立是两个不同概念，而许多回避型人士混淆了二者的差别。独立对所有人来说都是宝贵的品质。然而，如果过于看重自我依靠，认为别人的帮助不重要，我们就会非常孤立、排斥别人，错失生命中非常重要的体验。

自我依靠还有另一个问题，就是“自我”。由于“自我”，你倾向于忽视恋人的需要，只看到自己的需要。结果，你难以体会与恋人融为一体的幸福感，失去恋爱的乐趣。

“只看见苹果里的虫”

除了自我依靠，还有一种思维方式非常具有破坏性，会使你和恋人产生距离感。那就是“只看见苹果里的虫，却看不见苹果”。比如说卡罗莱女士就是如此。

卡罗莱和鲍勃交往了9个月，感觉越来越不开心。她认为鲍勃不合适，而且能找到相当多讨厌他的理由：脑袋不灵光，太单纯，太依赖，衣着品位不佳，不善于社交。

可她忽略了鲍勃是一个温柔的男人，而温柔的男人并不多见。而且他让她感到安全、被接纳，他送给她许多礼物，以无限的耐心对待她的沉默、情绪和嘲弄。

即便如此，卡罗莱还是迫切地感觉一定要离开鲍勃，一次又一次地说“我们不能继续相处下去”。最后，她终于和他分手了。几个月过去了，她惊奇地发现，没有鲍勃的生活很艰难，孤独、抑郁、伤心扑面袭来。她认为和鲍勃的感情是最美好的，而且万分怀念。

卡罗莱的经历是回避型人士的典型经历。在看待伴侣的时候，他们通常只看到缺点，而较少看到优点。有一项研究证明了这一点。成人依恋领域首屈一指的学者、以色列跨学科研究中心心理学新学派系主任马里奥·米库林茨，与以色列巴伊兰大学心理学院的学者维克托·弗洛里安（Victor Florian）和吉拉德·希施贝格尔（Gilad Hirschberger）共同进行了这项研究。在研究中，他们要求情侣或夫妻把每天的生活写在日记里。他们发现，与其他类型的人相比，回避型人士更倾向于对恋人做出负面评价。更有甚者，他们还发现，即使恋人给了他们支持、温暖和关爱，他们依然毫不留情地对恋人加以贬损。米库林茨博士解释道，这种行为模式的根源在于回避型人士不接受亲密感。当他们感受到恋人的真切关怀时，他们要么视而不见，要么贬低恋人关爱的价值，以便使自己保持心理平衡，继续排斥亲密感。

卡罗莱和鲍勃恋爱的时候，使用了许多压抑策略，包括盯住鲍勃的缺点不放。她虽然知道鲍勃的优点，却不由自主地放大他的缺点，认为他的缺点无法忍受。反而在分手之后，她不再感觉个人空间受到威胁，不再因为亲密感而喘不过气来，她才能放下心理防御，真切地感到内心深处对鲍勃的依恋，重新看见他的许多优点。

不擅长觉察恋人感受，但转变仍有可能

假设你是一名家长，却无法理解孩子需要什么，他是饿了，还是困

了，是想要拥抱，还是想一个人安静，是尿床了，还是生病了，你都不知道。这样的生活不管是对你，或是对孩子来说，都会非常艰难。你的孩子不得不用尽全力哭泣，好让你明白他的意思。

回避型人士在生活中常常感觉自己好像这样一名家长。在日常交往中，他们听到恋人说话，看到恋人做事，却无法从中判断出恋人的情绪状态。由于强调自我依靠，他们还刻意避免关心恋人的心理感受。他们认为自己无需为恋人的情绪负责，恋人应该自己想办法平静下来。由于回避型人士的这种特点，他们的恋人常常感觉得不到情感支持以及恋爱的亲密、温馨和满足。

在恋爱一方感到悲伤抑郁的时候，另一方的依恋风格对恋情的健康发展有重大影响。明尼苏达大学的心理学教授杰弗里·辛普森博士通过科学方法研究这种影响，以及人在各种情况下感知恋人情绪的准确程度。为了检验不同依恋风格的人在感知恋人心理方面是否具有不同的能力，他和德克萨斯 A&M 大学学者史蒂夫·罗莱斯（Steve Rholes）共同进行了一次实验。在实验中，他们请被测试者当着恋人的面评价一幅照片中异性的外貌和魅力。他们发现，和焦虑型人士相比，回避型人士比较不擅长觉察恋人的感受。当他们对别的异性大加赞赏的时候，他们的恋人表情相当不愉快，他们却以为恋人满不在乎。

约翰·格雷创作了超级畅销书《男人来自火星，女人来自金星》。在这本书开头，他叙述了一次启发他写作的事件。他的妻子邦妮刚刚经历痛苦的分娩，产下一名女婴。几天之后，邦妮的身体逐渐恢复，约翰就重新去上班了。有一天，他下班回到家，发现邦妮的止痛片已经吃完了，一天都在疼痛中煎熬，同时还得照顾孩子。看见妻子神情沮丧，约翰误以为妻子在生闷气，于是采取了自我防御的姿态，力图证明自己没有错，反正他也不知道她没有止痛片了。他在心里埋怨她为什么不打个电话呢？争吵几句之后，他愤怒地要离家清静清静。这时候，邦妮明智地阻止了他，对他说：“请你不要走，我现在很需要你。我感觉很痛，几天都没睡好觉了。请你跟我说说话吧。”听了这话，约翰走向妻子，静静地抱着她。事实证明，他留在家里是对的。他说：“以往争吵过后我总要一个人静一静。那天是第一次我没有把她一个人丢在家里。在她真正需要我的时候，我克服了自己的情绪，做出正确的选择。”

照顾新生儿很不容易，会给人带来压力，然而由于妻子采取了有效沟通，约翰的行为方式也向安全型发展。这次事件之后，约翰意识到，妻子的幸福是他的责任和义务。这对他来说是破天荒的新思想。他从一个只顾自己、不管恋人的回避型恋人，变成了安全型恋人。对于回避型人士来说，这种转变非常困难，却仍有可能。只要敞开心扉，接受恋人真实的样子，这种转变就会发生。

触不到的恋人：得不到的永远是最好的

在恋爱中，回避型人士采取许多压抑策略自欺欺人，而对前任的美化和对幻想中完美情人的执著是最主要的方式。它使回避型人士以为，逝去的恋情才美好，或者完美的爱人还在将来等待，以至于他们不能经营好当下的恋情。他们心里装着的“完美爱人”，就像一堵高墙，竖立在自己和眼前的恋人之间。它让回避型人士相信，自己没有任何问题，都是恋人不好，不够优秀、迷人。

幻影中的前任和想象中的完美爱人不仅仅在回避型人士和他们的恋人之间制造距离，还会让恋人感到迷惑不解。当恋人听到他们对前任的思念，或者他们对完美爱人的向往，就会以为他们需要亲密感。殊不知，他们正是因为要逃避亲密感，才会采取这种压抑策略。

“回不去的美好”

回避型人士身处一段恋情中的时候，往往对这段感情并不看好，而且态度刻薄、心里挑剔。然而，在失去它很久之后，他们便忘记了前任的所有缺点，后悔当初闹到分手的地步，无限怀念逝去的感情。这种现象叫做“幻影前任现象”。

就像卡罗莱和鲍勃分手后，才发现自己对他的感情。回避型人士一旦与前任远远地隔开一段距离，他们就会对前任旧情复燃，欣赏不已。有了一定的距离，令人窒息的亲密感不复存在，他们被压抑的真实感情才浮出水面。他们想起前任的好处，认为前任完美无缺，不可替代。

他们还忘记了两人如何产生了分歧，怎么弄到分手的地步，却没有意识到是自己赶走了恋人。他们把前任完美化，将其尊为“一生的至爱”“回不去的美好”，一朝失去，永不能挽回。有时他们想与前任重修旧好，然而一旦接近，他们又会逃跑。这种恶性循环周而复始地进行。还有些时候，他们和曾经的恋人都是单身，他们却不主动努力与对方复合，而是在心里思念对方。

对前任的留恋，影响着现在的恋情，因为压抑策略在发挥魔力，使你不能和另一个人亲近。即使你永远都不能和幻影般的前任重温旧梦，记忆对前任的美化却使你把现任恋人与其相比，贬损了现任的价值。

“完美爱人”的破坏力

你有没有试过，与那个让你神魂颠倒的梦中情人约会？是不是熟悉之后，却发现对方没有那么好？这种事情可能发生。有时候你仰慕对方已久，把他视为完美恋人，和他交往以后，却突然发现自己的心已经冷淡下来。

你开始注意到他的吃相不佳，他擤鼻涕的样子让你不堪忍受。令你心醉神迷的光环渐渐消失，他的亲近让你感到窒息，你需要离他远一些。你没有意识到的是，这些突然爆发的负面感觉，实际上都是压抑策略，在不知不觉中压抑着你的依恋需要。

因为你不想面对内心深处的感情，不知道自己正在压抑着对亲密感的需要，才断定自己不够爱对方。认为爱火已经熄灭，你要求分手。你的恋人伤心欲绝，追问你变心的原因，这让你更加确信，他并不是你的梦中情人。

你换了一个又一个恋人，卷入了恶性循环。你总觉得自己一旦找到梦中情人，就会忠心于他，再不更改，却一直都没找到。

回避型恋人有药可救吗

读了这一节，你会清楚地意识到，回避型人士过的并不是独立自主、自我依靠的生活，而是不断挣扎、不断压抑依恋系统的生活。压抑策略根深蒂固地存在于回避型人士的思维模式中，也许有人会轻易下结论，判定回避型人士已经无药可救了。可事实并非如此，回避型人士虽然感到生活不幸福，却固执地认为不幸的原因不在自己，而在外部环境。他们把不幸福归结于没有遇到合适的对象，没有遇到完美的爱人，或者只遇到了一些想利用婚姻束缚他们的人。他们很少从自身寻找不幸的原因，也不正视自己的内心，不向外界寻求帮助。即使恋人提醒他们接受心理辅导，他们也不愿意这么做。所以他们只有正视自己的内心，或者接受心理帮助，才能真正地改变。

某些情况下，回避型人士只有遭遇人生低谷、重大变故，或者感到非常孤独时，才能改变自己的思维模式。而采取下面 8 种策略，也可以改善他们的感情生活，使他们和恋人拥有真正甜蜜的恋情。前提是，回避型人士要了解哪些思维模式阻碍了自己和恋人亲密，也应该反思自己在哪些情况下会产生消极的思维方式，再积极加以改变。

从今天开始，正视你的内心

1. 意识到自己采用的压抑策略。不要冲动地做决定。当你喜欢上某人，又突然感到对方不合适的时候，试着思考一下，是不是压抑策略在作怪？你开始注意到恋人的缺点，这是不是压抑依恋系统的方式？时时提醒你自己，你看到的并非事实。你虽然不喜欢亲密感，实际上却需要它。你曾经认为恋人很棒，现在却要把他赶走，将来你也许会后悔。

2. 不再强调自我依靠，而是加强互相支持。当恋人感觉你是可以依靠的“安全基地”，他就不再苦苦寻求安慰，你也不会感觉到窒息，不再想逃跑。这样，你们两人可以共同面对外界，做各自的事情。你可以保持你的独立，恋人也不会那么依赖你。这就是依赖的悖论：两个人越是能够彼此依赖，就越能保持独立。

3. 找一个安全型恋人。在本书第7节，你将看到安全型人士可以让恋人变得倾向于安全类型。值得注意的是，焦虑型人士会加重你的回避倾向，造成恶性循环。我们建议你有机会的话找一个安全型恋人。和安全型恋人在一起，你不会再强烈感觉到抗拒、想逃跑或者要发怒。

4. 回避型人士经常误会恋人的动机，这一点要特别注意。回避型人士对恋人行为和动机抱有负面看法，这会破坏感情。积极地改变这种思维吧！当你对恋人进行负面评价的时候，自己要提醒自己往积极的方面想。你要告诉自己，对方是你选择的恋人，你选择了他，就应该信任他，相信他是因为爱你才与你亲近。

5. 列出感恩清单。每天都要提醒自己，你有对恋人持有负面看法的倾向。回避型人士的依恋风格就是这样。你的目标应该是注意到恋人的优点和恋人言行中透露出的爱意。这不是一件容易的事情，可是只要坚持下去，你会慢慢看到对方更多的优点。每天晚上，用一点时间回想自天的经历，回忆恋人为你做的事情，把它们写下来。每天至少记录一条恋人为你做的小事，提醒自己为恋人出现而感恩。

6. **忘掉幻影中的前任**。当你发现自己将前任完美化的时候，要制止这种想法进一步发展，向自己承认那位前任从来都没有那么完美，过去的已经过去了。况且，你过去对这段感情避之不及，不愿意交往下去。这样，你就不会再通过思念前任压抑当下的感情，而是把心意放在眼前的恋人身上。

7. **放弃梦中情人**。我们知道世界上有灵魂伴侣的存在，也完全相信恋人之间会心心相印，心有灵犀。但我们也相信，你需要积极地寻找和培养自己的灵魂伴侣，而不是等着符合条件的完美情人从天上掉下来。在茫茫人海中，找到你的恋人，允许他和你亲密。使用本节列出的方法，用心打造眼前的恋情，你会发现眼前人就是梦中情人。

8. **采取分散注意力的策略**。当回避型恋人在忙其他事的时候，就比较容易与恋人亲近。在前文提到的那个实验中，回避型人士手头有另外一件任务，就能够卸下心理防御，让真实的感情流露出来。因此，对你来说，专注地做另一件事，例如一起骑自行车、划船、做顿饭，会让你暂时放下心理防线，更容易觉察自己心中深藏的爱意。这个小办法能提升两人世界的亲密感。

回避型人士要想改善爱情，获得更多幸福感，还有很多方法，详细内容请参见本书第 8 节。

第7节

忠诚可靠的安全型恋人

Getting Comfortably Close: The Secure Attachment Style

深藏不露的绝世好情人　善于缓解冲突的不玩感情游戏　安全型恋人的恋爱原则

把恋人的利益放在心上　充当恋人的“安全基地”　本能避开若即若离的男人

描述安全型依恋风格好像是一项无趣的任务。如果你是安全人士：性格可靠、言行一致、忠诚不二，你不回避亲密感，也不会为了感情失去理智，你的恋爱没有很多戏剧化成分，没有波澜，没有悬念，没有坐过山车一样的刺激感。还有什么好说的呢？

实际上，安全型恋人并非乏善可陈。随着我们对依恋理论的理解越来越深，我们越来越清楚安全型依恋风格对生活的积极影响，我们对安全型人士的钦佩和感激不断增长。他们理解恋人的情绪和身体，知道怎么和恋人交流。在面临威胁的时候，他们的情绪系统不会像焦虑型人士那样崩溃，也不会像回避型人士一样彻底关闭。

通过阅读这一节的内容，你将更深入地了解安全型人士的特点，还有他们独一无二的宝贵品质。如果你是安全型的，处理感情问题得心应手，那么我们也要提醒你做好心理准备：因为你有一天也可能遇到感情难题，感到困扰不堪。

安全型恋人的“泡菜效应”

一次又一次的研究表明，拥有安全型依恋风格，幸福爱情就有了一大半保障。调查表明，与其他依恋风格的人相比，安全型人士对恋情的满意度更高。多伦多大学博士帕特里克·基兰在毕业论文中提到的一项研究，证明了这一点。他与知名已故心理学教授肯尼思·戴恩（Kenneth Dion）及其长期研究伙伴和妻子、多伦多大学心理学教授卡伦·戴恩（Karen Dion）合作，追踪一百多名恋爱4个月以上大学生的感情状态。他们发现，安全型人士在恋情的满足感、忠诚度、信任度三方面，都保持较高水平，非安全型人士则在恋情的4个月以内逐步降低。

如果安全型人士和非安全型人士交往，会产生什么结果？研究人员通过另一个实验回答了这个问题。在该实验中，研究人员请旁观者对若干恋人的表现评分。毫无疑问，安全型恋人组合，即男女双方都是安全型，表现比非安全型恋人组合（男女双方或是回避型，或是焦虑型）更好。

更有意思的是，安全型恋人组合的表现，和混合型恋人组合（一方是安全型，另一方是非安全型）相差无几。**只要恋爱时有一方是安全型，恋人之间的冲突就比较少。**旁观者认为他们相处得比非安全型组合更好。

这个实验表明，具有安全型依恋风格的人士不仅善于应对感情问题，而且能发挥一种缓冲作用，在某种程度上改善着非安全型恋人的行为和表现，令恋人对爱情的满意度提升。这个发现具有重大意义，意味着如果一个非安全型人士和安全型人士恋爱，就会受到正面的影响，具有更多安全型特点。

他们不一定出众，却一定最包容

安全型人士有什么过人之处，能使自己在恋爱中如履平地？安全型人士是不是都是些友好、可爱、善于社交的人？能不能从外在表现上把安全型人士从茫茫人海中分辨出来？这些问题的答案都是否定的。和其他依恋风格一样，安全型的评判标准也不在于性格或体貌特点。实际上，安全型人士可能具备各种性格特点，如下例所述：

- 阿龙，30 岁，化学工程师，性格内向，排斥社交。大部分时间，他都在工作、读书，和父母弟兄待在一起，很难和陌生人交往。2 年前，他才有第一次性经验。
- 布伦达，27 岁，电影制片人，社交圈里的明星，跟每一个人都很熟络，总是处在风口浪尖。从 18 岁到 24 岁，只有一个男朋友。分手之后，才开始与别人约会。
- 格雷戈里，50 岁，电子工程师，离异，有两个孩子，性格外向，性情随和。目前正从上次婚姻失败的伤痛中恢复，在寻找可以终身相伴的爱人。

安全型人士的外在表现各有特点。一开始的时候，你可能看不出他们的特别之处在哪里。41 岁的珍妮特和安全型丈夫共度许多年婚姻生活后，才在某一天突然意识到安全型的巨大优点。

周一早晨醒来的时候，珍妮特想起上周末还剩下许多工作，感到压力很大。一想到那些工作，她就处在崩溃的边缘。她觉得工作任务怎么也完不成，暗自责怪自己没用。当时，她丈夫斯坦还睡在她身边。她转向他，冷不丁地说她对他的事业感到很失望，担心他永远都不会成功。这话虽然让斯坦大吃一惊，但是面对珍妮特的莫名其妙的火气，他没有表现出一丝反感。他说："我理解你现在工作有压力。如果我能分担你的压力，你会感觉好过一些。你经常鼓励我努力工作，可现在你的鼓励方式好像比较失常。"

珍妮特顿时哑口无言。她知道丈夫说得对，她只是在发泄自己的压力。看到她满眼泪水，斯坦贴心地提出送她上班。上班路上，她向他道歉。她承认自己是因为情绪失常，感觉没办法胜任自己的工作，才说了那些不该说的话。

直到那时，珍妮特才意识到斯坦是多好的丈夫。如果事情反过来，换成他无端骂她，她说不定早就跟他闹翻，引爆第三次世界大战。她肯定没法保持冷静，不会分析原因，也不知道争吵的原因是她感到压力太大。而斯坦能够妥善处理当时的情况，这是一种天生的情绪管理才能。珍妮特对自己说："我现在知道了，被人包容的感觉有多幸福。希望有一天，我也能同样地包容他。"

不容易被发现的绝世好情人

像斯坦一样的安全型人士，都有一种不容易被发现的优秀品质。他们都本能地信任恋人，相信恋人爱他们、关怀他们，而且从来都不忧心忡忡、害怕失去爱情。他们十分享受亲密感，有非凡的沟通能力，善于满足恋人的需求。

在第 6 节，我们讲过一个实验。这个实验通过比较被测试者认出显示器上文字所需要的时间，分析焦虑型、回避型和安全型人士对不同感情问题的潜在看法。实验结果表明，在潜意识中，安全型人士对于恋情中的积极因素非常敏感，例如爱、拥抱、亲密等，而对于恋情的不利因素反应迟钝，例如危险、失恋、分手等。和回避型人士不同，即使给他们一些分散注意力的任务，他们对这些代表不利因素的词语依然不灵敏。也就是说，即使撤去他们的心理防线，他们对感情危机的感觉还是不灵敏。换句话说，他们压根就不担心感情会出现问题。无论是在有意识还是在潜意识中，他们对感情问题没那么多忧虑。此外，当研究人员要求安全型人士有意识地思考分手、遗弃或失去恋人等问题的时候，他们的皮肤会排放出更多汗液，皮肤电导测试结果显示，面对恋情威胁，他们也会感到紧张。当研究人员告诉他们可以停止思考这些负面问题的时候，他们的皮肤电导水平会立即恢复正常。对于其他类型人士来说，当情感遇到挑战，要保持情绪稳定是件难事。然而，对于安全型人士来说，他们对负面信息没有那么敏感，所以保持镇静易如反掌。

安全型人士在爱情中有许多优秀表现，比如：

- 善于缓解冲突：在争吵的时候，他们心理防御较少，不愿伤害或报复伴侣，能够避免冲突升级。
- 态度温和：不因为受到批评而火冒三丈。他们愿意反思自己的行为方式，有必要的时候，他们会改变自己的观念和做法。
- 善于交流：他们认为恋人能够理解和回应，所以会自然而然地表达真实感受。
- 不玩感情游戏：他们想要亲密感，而且认为恋人也需要它，所以有什么必要你追我赶、欲擒故纵、欲迎还拒？
- 享受亲密感，不设界限：他们喜欢亲密感，不怕个人空间被侵占。不像焦虑型人士一样担心被忽视，也不像回避型人士一样迫切想逃离，他们容易享受身心双重的亲密感。
- 愿意原谅：他们相信恋人的本意是好的，所以受到伤害的时候，比较容易原谅恋人。
- 不分裂地看待身体和感情亲密：不通过分居制造距离，不只在心理上亲近，也不会一味地追求性爱。
- 相信自己能够改善恋情：他们相信自己和恋人可以一起为改善恋情而努力。
- 把恋人的利益放在心上：他们认为爱是相互的，所以总是关心恋人的需要。

许多和非安全型恋人生活在一起的人很难想象和安全型人士一起生活有什么益处。首先，安全型人士不打所谓的“感情太极”，就是一个人往前走一步，另一个人就退一步，好一直保持感情距离。与此相反，安全型人士的爱情历久弥新，亲密感越来越浓厚。其次，安全型人士心思敏锐，能够积极连续地和恋人分享内心的感受。最后，安全型人士会把恋人放在自己的情感港湾里，让两个人都更容易面对世界。

安全型人士的这些品质弥足珍贵，只是我们在拥有的时候意识不到，反而在失去之后，才感觉怅然若失。有些人既和安全型人士恋爱过，也和非安全型人士恋爱过。拥有较多感情经历的人，更能够欣赏安全型恋人。他可以告诉你，与一个安全型的人谈恋爱，和与一个非安全型的人谈恋爱，有天壤之别。然而，要是不了解依恋理论，他们也不能对两者的不同说出个所以然来。

安全型恋人的优秀品质来自哪里

安全型人士的特殊品质是与生俱来的，还是后天学习到的呢？约翰·鲍尔比认为，依恋风格受生活经验的影响，也受婴幼儿时期亲子关系的影响。如果父母关怀你的需要，长大之后你就是安全型依恋风格。这些孩子知道，他们的父母值得信赖，当需要的时候，父母一定会支持他们。然而，鲍尔比的理论不止于此。他还认为，安全型亲子关系会持续到婴幼儿成年，进而影响他们的恋爱关系。

有证据支持这个观点吗？2000 年，多伦多瑞尔森大学学者莱斯利·阿特金森（Leslie Atkinson ）与其他一些学者合作进行儿童发展研究。他们以 41 项前期研究为基础，进行后续研究。在这项研究中，他们总共分析了两千多组亲子关系，以判断父母关怀情况与儿童依恋风格的联系。结果显示，两者之间的联系很深——受到更多关怀的孩子，成年后更有可能是安全型依恋风格。不过，这种联系是微弱的。这意味着除了幼时亲子关系方面原因，还有其他因素可能影响到依恋风格。根据研究发现，儿童安全型依恋风格的形成因素有许多，包括儿童性格温和（使得父母容易照顾她）、母亲状态稳定（婚姻幸福，压力较小，没有抑郁情绪，有社交支持）、父母能经常陪伴孩子。

依恋风格的影响因素还不只这么简单。最近几年来，基因决定依恋风格的观点在科学界渐渐获得了认可。堪萨斯大学学者奥马里·吉拉斯和加州大学戴维斯分校的诸多学者进行了一个和基因相关的研究，它的目标是分析基因变异是否与依恋风格有关系。他们发现，多巴胺 D2 受体的某种变异与焦虑型依恋风格有关，而 5- 羟色胺 1A 受体的某种变异与回避型依恋风格有所关联。科学家已经证实，这两个基因在许多大脑功能中扮演重要角色，包括控制情绪、奖励行为、注意力、社交行为、恋爱关系等。研究人员的结论是："非安全型依恋风格可以通过基因得到解释。另外存在着大量个体差异，则可以通过其他基因和社交经验解释。"换句话来说，**基因的确在很大程度上决定了我们的依恋风格。**

还有一个问题，我们的依恋风格是否一成不变？在儿童时期是安全型，成年后还是安全型吗？为了回答这个问题，依恋理论研究人员重新研究了 20 世纪七八十年代处于婴幼儿时期，现今 20 岁左右的年轻人。那些在婴幼儿时期具有安全型依恋风格的人，成年之后是否还是安全型？答案并不明朗。学者进行了三项研究，都没有发现婴幼儿时期的安全型依恋风格必然会持续到成年时期。而另外两项研究发现，从统计学角度来看，婴幼儿时期和成人时期的依恋风格有一定关联，但这种关联性不大。

那么安全型依恋风格到底是怎样产生的呢？随着学者进行更多研究，越来越多的证据表明，安全型依恋风格有着复杂的影响因素。只要父母关怀，幼儿就会一辈子具有安全型依恋风格这种观点太过片面。安全型依恋风格有诸多影响因素，包括我们幼儿时代的亲子关系、基因和成长时期的经历等。平均而言，70% ~ 75% 的成年人依恋风格比较稳定，在各个时期都大致不变，而剩下 25% ~ 30% 人口的依恋风格会随时间改变。

研究人员认为，依恋风格如果发生改变，主要是受恋爱经历的影响。在爱情强大力量的影响下，我们看待亲密感的方式会发生变化。而且，这种变化是双向的。安全型人士可能变得焦虑，非安全型人士也可能变得具备安全型特点。对于非安全型人士来说，这是个好消息。只要具备一些安全型品质，你就拿到了幸福爱情的门票。对于安全型人士来说，这个消息是个警铃。万一你失去安全型依恋风格，爱情的幸福感就会大打折扣。

本能选择可以带给自己幸福的恋人

恋爱时，我们最重要的角色是充当恋人的“安全基地”。“安全基地”为恋人创造条件，使他勇敢地追求自己的兴趣爱好，充满信心地探索世界。

卡耐基梅隆大学学者布鲁克·菲尼和罗克珊·思拉什（Roxanne Thrush）在2010年进行了一项研究，发现人们可以通过三种具体行为支持恋人，这些行为都是安全型人士所擅长的。通过学习这些行为，你也可以当好恋人的安全基地。

支持恋人：当他有压力的时候，体贴地回应。当他需要依靠的时候，给他以温暖的臂弯。经常与恋人聊天谈心。发生意外时，安抚他。

不要干涉：为他的努力提供幕后支持。让他感觉到做事的动力，让他自己完成自己的事情，不要替他做事，也别指手画脚，伤害他的自信心，妨碍他的自我发挥。

鼓励恋人：鼓励他，认可他的目标，使他更加自信。

面对其他依恋风格人士难以逾越的感情障碍，安全型人士知道怎么处理。安全型人士会本能地选择能给自己带来幸福的恋人。他们不像焦虑型人士，不会被紊乱的依恋系统控制，不会因为某人若即若离的态度而感到心神不宁。他们也不像回避型人士，不执著于幻想中的完美情人，也不为逝去的感情惋惜。还有，他们不会采用压抑策略，在心爱的人同样坠入爱河的时候，他们不会突然变心。

安全型人士的爱情不会遭遇上述不幸。他们相信，有许多人都适合交往，会成为很好的恋人。他们确信自己的价值，知道自己值得被爱、被尊重。如果有人不尊重他们的感受，言行不一，或者对他们疏离，他们就不会爱上这种人。我们采访了一位安全型女性，她叫丹耶，今年28岁。关于感情，她是这么说的：

“我曾接触过11个男人，他们都认真地考虑过和我交往。从一开始，我就表明自己的态度是认真的。我能让他们感觉到我值得珍惜和交往。他们只要和我长期交往，就会发现我是个很好的女朋友。我不喜欢玩欲擒故纵感情游戏的人。我们约会之后，这些男人都是第二天就给我打电话，最迟不超过第二天晚上。我如果感觉可以继续交往，就会直接告诉他们。其中有两个男人对我态度冷淡，约会两天过后才打来电话，我立刻就决定不和他们继续交往。”

注意到了吗？对于那些不关怀她感受的男人，丹耶不浪费时间在他们身上。在一些人看来，她的决定可能很草率，然而对于安全型人士来说，这种决定是理所当然的。依恋理论研究已经证实，安全型人士确实不玩感情游戏。对于不适合的人，他们不继续纠缠。比如丹耶，她本能地知道哪些人不适合她。她认为，凡是故意玩感情把戏的人，都不值得交往。她的恋爱原则有一个重要的特点，就是她认为，一个男人如果不尊重她，就不会关心她的感受，也就不值得她去爱。对于那两位迟迟不打电话给她的男士，她没有过多地纠结。对她来说，这两个人只是生活中的小波澜，生活还要往前继续下去。如果她是焦虑型，就会认为这两个人之所以不打电话，一定是由于她做错了什么事。她会反复猜测自己哪儿做错了，是态度强势呢，还是没有主动邀请他，或是因为问到了他的前任，让他感觉不开心？于是，面对着那个并不适合她的男人，她在不确定之中，还会给他第二次机会，第三次机会，乃至第四次机会。

丹耶的恋爱经验比较丰富，她知道和不在乎她的人交往，不会有好结果。对于恋爱经验不足的人来说，判断一个人适合与否并没那么容易。在拿不准的情况下，安全型人士最经常采取的办法就是积极交流。他们袒露自己的想法和感受，看恋人怎么回应。如果恋人关怀他们的感受，愿意寻找改进办法，那么他们就会给这段感情一个机会。如果恋人不关心，他们也不会继续纠缠下去，因为纠缠的结果是必输无疑。

安全型人士会本能地遵循一些恋爱原则，它们可以帮助你寻找合适的恋人。具体包括：

- 尽早发现不适合的“铁证”，放弃和不适合的人继续交往。
- 从交往第一天开始，就积极地表达自己的真实需要。
- 相信有许多人都可能适合你，能使你感到幸福。
- 如果恋人表现令你难堪，不要认为错在你自己。如果恋人伤害你的感情，要这样想：这是对方的问题，不是你的问题。
- 告诉自己，你值得尊重、值得被爱。

安全型恋人就不会遇上感情问题吗

安全型人士的恋人不一定也是安全型，他们也可能是回避型或者焦虑型。好消息是，安全型人士只要能够做到不受干扰，保持自己的安全型依恋模式，就有潜力与回避型或焦虑型恋人和谐相处。如果他们由于和非安全型恋人相处而变得失去安全感，那么他们不仅仅会失去宝贵的情感天分，而且还会感到不幸福、不满足。

安全型人士之所以能够与非安全型的恋人和谐相处，享受甜蜜爱情，一个原因在于他们的恋人会受到他们的熏陶，慢慢地具备安全型品质。焦虑型恋人最容易受到安全型人士的积极影响。玛丽·安斯沃思发现，在亲子关系中，安全型妈妈特别难能可贵。她们的优点不仅仅表现在更关怀孩子，或者经常拥抱孩子，她们好像还具有“第六感”，能本能地感觉到孩子什么时候想要拥抱。她们能感觉到孩子情绪的细微变化，不等孩子发脾气，就满足孩子的情感需要。如果孩子真的发脾气，她们也知道如何快速安抚他们，让孩子重新获得安全感。

我们发现，这种影响也存在于恋爱的人中间。安全型恋人有一种天分，本能地知道怎么抚慰和关怀恋人，给恋人安全感。有些时候，依恋类型可能发生奇迹般的变化，尤其是一对正在转换身份，即将成为人父人母的恋人。

《依恋理论和亲密关系》（*Attachment Theory and Close Relationships*）一书的作者、明尼苏达大学学者杰弗里·辛普森和德克萨斯 A&M 大学学者史蒂夫·罗莱斯与洛恩·坎佩利（Lorne Campbell）和卡罗尔·威尔森（Carol Wilson）共同发现，焦虑型女性在怀孕期间如果获得安全型配偶的支持，就有可能转变为安全型。也就是说，**安全型人士如果对非安全型恋人悉心照顾和鼓励，所产生的影响就如同安全型母亲给孩子的影响一样重大，足以扭转非安全型恋人的依恋风格。**

然而，我们在这里还要提个醒。安全型人士虽然善于避开不合适的恋人，能够感染恋人，转变恋人的依恋风格，有时候也会陷于负面情感，不能自拔。他们少不经事、缺乏恋爱经验的时候，可能发生这种事情。他们年长成熟，拥有稳定感情之后，依然可能会碰到这种麻烦。面对恋人不可原谅的行为，他们往往一再地选择原谅，使对方继续我行我素。

35 岁的内森婚姻状态非常糟糕，他对此一筹莫展。他和谢利已经结婚 8 年，生活状态每况愈下。谢利脾气火爆，开始的时候，她还不经常爆发，现在却几乎每天怒火冲冲。她摔坏家里的东西，甚至打内森耳光。除了她糟糕的脾气，他们的婚姻还面临着更加严重的问题。内森发现，她不仅有网络恋情，在实际生活中也有可能已经出轨。谢利好几次提出离婚，但是从来都不收拾东西真正离开。内森相信，只要忍耐一阵子，一切就会恢复正常。他还感觉他应该为谢利的幸福负责，不希望在她“情绪困境”的非常时期抛弃她。因此，他容忍她的无理取闹，原谅她的出轨。最后，谢利宣布不再爱他，说自己有了外遇，要离婚。这一次，是谢利真的要离婚。内森接受了她的决定，不再试图让她回心转意。

离婚过后，内森感到很轻松，因为谢利找到了自己的生活，也让他得到解脱。他开始考虑重新恋爱结婚。可是他依然难以理解自己，不明白自己为什么会在上一段失败的婚姻中纠缠那么长时间。对于他的这点疑问，依恋理论能够解答。我们知道，安全型人士认为恋人的幸福是自己的责任。只要他们感觉恋人有困难，他们就会提供帮助。在合著《成人的依恋》(*Attachment in Adulthood*)中，马里奥·米库林茨和菲利普·谢弗写道，安全型人士比其他类型的人更容易原谅配偶。他们说，这是因为安全型人士的认知和情绪异于其他类型的人。他们说："原谅一个人，要求原谅者具备很高的情绪调节能力……这包括理解过错方的需要和动机，宽宏大量地看待其伤害行为……安全型人士倾向于宽容恋人对他们造成的伤害，愿意原谅他们。"安全型人士之所以一再原谅恋人，使自己陷于不幸福，还有一个原因，就是上文中提到过的，安全型人士天生积极乐观，宽容开放，不愿意对恋人关上心门。

从这个例子可以看出，安全型人士并非不会遇到感情问题。他们具有一种本能，能很早发现谁不适合继续交往，这是一件好事。然而，他们一旦开始一段感情，就不会轻易放弃。尤其是一份经营了很久的感情，即使感情状态很糟糕，他们也会想着为恋人的幸福负责，他们对恋人的原谅似乎没有极限，这对他们来说是一件坏事。

生活中的安全型恋人

生活中，安全型人士给人的感觉是非常普通，甚至乏味无聊。可是，透过依恋理论的新视角，我们发现安全型人士具有优秀的品质和能力。我们有位同事好像《辛普森一家》里的霍默·辛普森一样看似傻气，却很善于经营感情，和妻子十分幸福。我们看起来性格沉闷的邻居，实际上对家人的关怀无微不至，是全家人的温暖港湾。安全型人士也可能具有出众的外在条件。许多安全型人士都英俊漂亮，气质突出。然而，不管是相貌平庸，还是沉鱼落雁、玉树临风，我们应该看到的是他们的内在品质，他们是大自然选择的最佳恋人。我们希望你能认识到这一点。

遭遇感情触礁时，请相信自己

如果你是安全型依恋风格，却感觉痛苦、忧虑不断、醋意大发，像焦虑型一样；或者你开始不知怎样表达自己的感受，不那么信任恋人，开始玩感情游戏，像回避型一样，那么你就该提醒自己是不是选错了恋人。这时的你因为长期处在感情困境,依恋风格发生了转变。通常情况下，只有亲人去世、重大疾病、离婚等重大变故才可能造成依恋风格突变。

如果你正在因为恋情而烦恼，那么你可以告诉自己：你有能力和任何类型的恋人相处，不一定非得和眼前的对象交往下去。你如果已经竭尽全力改善两人关系，却依然感觉回天乏力，你就该考虑放弃这段感情，不再与错误的人继续纠缠，这是最符合你利益的做法。

如果你刚刚失恋，却想不明白原因，那么请你告诉自己：这不是你的过错，不是你的爱情观有问题。与此相反，你的爱情观非常好，应该继续保持下去。你可以寻找别的快乐，慢慢走出失恋带来的伤害，相信还有人和你一样需要亲密感。终有一天，你会重获幸福。

第IV章

欢喜冤家，重遇幸福的自己

When Attachment Styles Clash

我们是亲密伴侣，还是亲密“敌人”？

爱错了，我们之间真的再也回不去了吗？

为什么明明相爱，却难以相守？

用依恋理论找到恋爱症结，在爱情路上重遇幸福的自己！

第8节

为什么靠得越近，反而离爱越远

The Anxious - Avoidant Trap

买洗衣机引发的争吵　两个人的浪漫之旅，他想分床睡　在社交网站与前任互粉

宁愿和朋友出去喝酒　最亲密的人是敌人　“焦虑回避陷阱”

当“焦虑”遇上“回避”，感情好像跷跷板

若一对恋人因为依恋风格发生冲突，他们的感情就不再是幸福的港湾，而像是在风浪中挣扎的航船。下面3个案例能够清楚地体现这一点。

依恋你我

买不买洗衣机不重要，重要的是想陪你过周末

珍妮特37岁，马克40岁。他们一起生活将近8年了。过去两年，他们一直在为买不买洗衣机争论不休。马克强烈要求买一台洗衣机，这样他们能节省许多时间，免去许多麻烦；珍妮特坚决反对，理由是他们住在房价昂贵的曼哈顿，房子本来就小，再加一台洗衣机，家里就太挤了。她还认为，衣服又不让马克洗，他为什么一定要买洗衣机？两个人一谈到这个问题就会争吵，通常的结果就是珍妮特沉默无语，或者马克大发雷霆。

他们争吵的原因是什么？表面上看，只是洗衣机的问题，真正的问题需要了解更多的情况才能知晓。珍妮特通常在周末去姐姐家洗衣服。姐姐家有洗衣机，她可以免费使用，一点都不麻烦，这么做看起来无可厚非。然而，她会一整天待在姐姐家。实际上，她是回避型依恋风格，一有机会就撇开马克单独行动。马克是焦虑型依恋风格，他表面上是想要洗衣机，实际上是想要珍妮特的陪伴。

可以看出来，为洗衣机争吵只是表面现象，实际问题是马克和珍妮特对于亲密感有不同的需要。

浪漫的旅游之夜，却不愿同床共枕？

苏珊24岁，保罗28岁。这个周末，他们准备在佛蒙特共度。到达宾馆之后，他们看了两个房间，都很温馨。其中一间有两张单人床，另一间有一张大双人床。保罗想要住有两张单人床的房间，因为景色更优美，苏珊却想住有双人床的那间，因为她不能想象两个人的浪漫之旅，却要分床睡。保罗对苏珊的想法不以为然。他认为："我们天天一起睡，今晚分开有什么大不了？看看美景多好啊。"苏珊却感觉离不开保罗，虽然有些不好意思坚持，但还是不想和他分开睡。两个人都不愿妥协，眼看浪漫周末就要演变成灾难。

他们的分歧在哪里？从表面上看，是选择宾馆房间的品味不同，而且苏珊的坚持好像有点极端。然而事实是，保罗不喜欢抱着苏珊睡觉，他的疏远让苏珊感觉不到爱意。苏珊敢肯定，如果选择有两张单人床的房间，保罗会在性生活一结束就去另一张床上睡觉。知道这一点之后，你还会以原来的眼光看待这件事吗？苏珊并不是无理取闹，我们可以理解她的心情。她需要亲密感，但有得到满足。

为什么男朋友更愿意跟朋友一起玩？

内奥米33岁，凯文30岁。他们已经认真交往了半年，但他们之间始终有一些难以解决的分歧。凯文还和前任女友在社交网站上相互关注，这让内奥米不满，认为他还和其他女人余情未了。此外，凯文一和朋友们出去喝酒，内奥米就给他打电话，这让凯文感到不爽。凯文认为，内奥米太敏感、太容易吃醋了，他也经常这么跟她说。内奥米虽然努力克制自己的情绪，让自己不再担心，然而这些感觉还是经常困扰她，让她开心不起来。

关于能不能在社交网站上和前女友保持好友关系，或者当男朋友和朋友一起在外面玩时该不该给他打电话，都没有一概而论的说法。在某些情况下，两种做法都无可厚非。但内奥米和凯文之所以发生争执，根本原因不是这两件事，而是他们对亲密感有不同的需要。凯文是回避型依恋风格，想和内奥米保持一定距离。所以，他采取各种办法疏远内奥米，包括不告诉她他在哪里，不顾及她的感受，与旧情人保持联系等。内奥米想接近凯文，努力逾越他在两人之间的障碍。然而，由于凯文并不想亲近，她的努力都付之东流。毕竟，亲密感需要双方共同努力，才能营造起来。

上面三个案例有一个共同点，就是恋爱的一方非常希望恋情有更多亲密感，而另一方却不想那么亲密。当恋爱双方一方是回避型，另一方是焦虑型或安全型时，就很容易出现这种情况。而当一方是回避型，另一方是焦虑型时，这种情况会变得更严重。

依恋研究不断表明，人需要亲密感。当这种需要得到满足时，幸福感就会提升。反之，幸福感就会大打折扣。当一对恋人由于亲密感发生分歧的时候，他们感情的方方面面也会受到波及。我们把这种情况称为“焦虑回避陷阱”。它就像真正的陷阱一样，你看不见它，可一旦掉进去就很难爬出来。

焦虑型人士和回避型人士恋爱之所以会掉进这种陷阱，主要原因是两人不断地互相刺激，使感情朝相反的方向越走越远，陷入恶性循环。

请看下文中的图示：右下角的圆形代表焦虑型人士，面对感情问题，他们的依恋系统会被激活，促使他们不顾一切地接近恋人。左下角的圆形代表回避型人士，面对感情问题，他们会压抑依恋系统，想方设法和恋人保持一定距离。

焦虑型人士越是努力接近，回避型人士就越想疏远。一个人的依恋系统越是活跃，另一个人的依恋系统就越压抑，使感情雪上加霜，不断地接近“危险区”。

为了使恋情更加稳定，进入图示的安全区，他们需要找到一种办法，减少恋情受到的威胁。只有焦虑的一方平静下来，不要太过激动，回避型的另一方才能放松心情，不再一心想着逃跑，从而使感情脱离危险区。

下面是焦虑回避型恋情陷阱的典型特点：

感情好像过山车，大起大落。回避型恋人偶尔给焦虑型恋人一点情感支持，后者的依恋系统就暂时平稳一阵子，两个人达到亲密的“最高点”。然而，在回避型恋人看来，这种亲密感是一种威胁，于是他便疏远起来，造成焦虑型恋人不满足。

感情好像跷跷板，此起彼落。回避型恋人常常自信爆棚，认为自己很独立；而焦虑型恋人由于受到依恋系统影响，会认为自己不如对方。由于这个原因，回避型人士不和同类谈恋爱。因为如果两个人都自我感觉很强大，就会失去优越感。

感情长期不稳定。两个人可能交往了很长时间，不稳定因素却一直存在，总是感觉不幸福，从来都没找到令两个人都满意的平衡点。

争吵只是表面现象。两个人经常为了一些琐碎的事情争吵。实际上，两人的分歧不是那些表面问题，而是因为对亲密感有不同的需要。

最亲密的人是敌人。焦虑型恋人发现，一旦成为回避型人士最亲近的人，就会立刻受到他的冷落。我们将在下一节解释这种现象的深层原因。

落入情感陷阱。你隐约感觉这段感情没有结果，却仍然舍不得对方，不能分手。

这边越是努力亲近，那边越是努力逃避

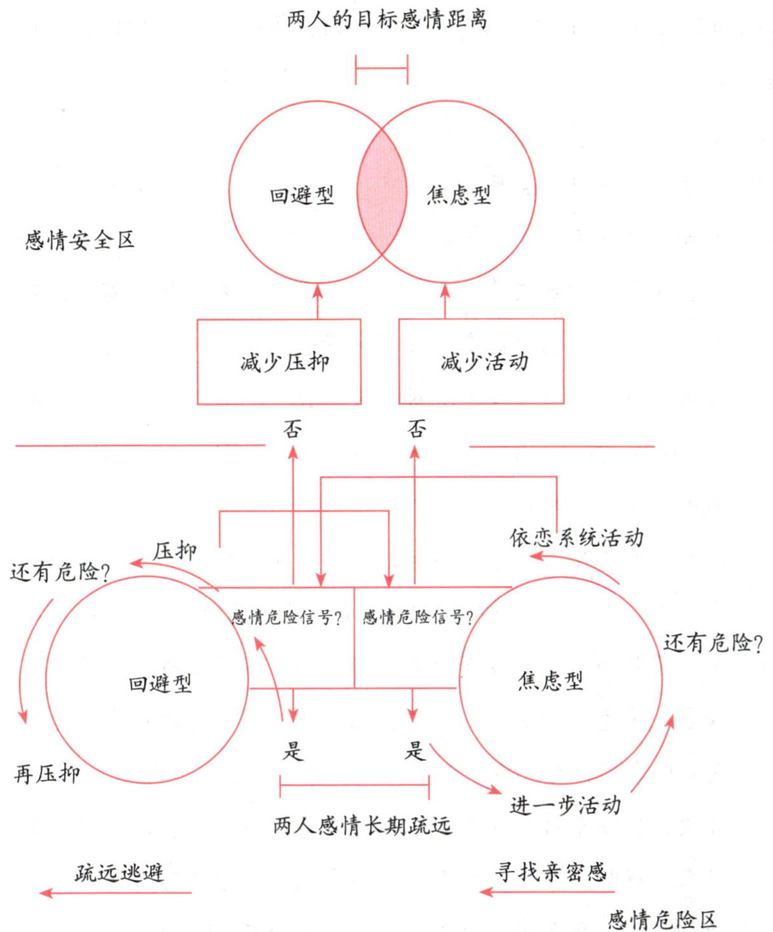

相爱容易，相处难

两个人相爱容易，好好相处、解决分歧却很困难。我们希望爱情能够战胜一切，然而，我们经常看到，不管焦虑型和回避型多么相爱，他们之间总是发生分歧和摩擦，很难找到两个人都能接受的解决办法。如果放任焦虑回避型感情自由发展，不去想怎么改善，那么通常结果就是焦虑型恋人不断在回避型恋人的感情规则面前妥协。

遇到这样的情况，如果不积极改变，帮助它向安全型发展，即使给爱情再多机会和时间，它也不会变好，只会每况愈下。为什么会这样？原因如下：

- 由于两个人对亲密感的需要不同，生活的方方面面都会受到影响。这种不同不仅仅是一个人想牵手、另一个人不想牵手那么简单。它标志着两个人的基本需要和爱情观的不同，从基本的生活起居到教育子女的方式，分歧会蔓延到生活的方方面面。每当两人关系有进展或变化，例如结婚、生子、搬家、挣钱、生病，分歧会进一步升级，爱情都会受到新的挑战，造成两人之间的裂痕不断扩大。
- 两人之间存在着分歧，却无法得到解决。焦虑型或者安全型恋人都真心想解决分歧。但由于回避型恋人倾向于回避问题，不愿意让两人关系过于亲密，因此不想解决分歧。为了避免和恋人亲近，回避型人士总会让分歧加重，对恋人采取更加恶劣的态度，造成两人关系一再疏远，感情状态雪上加霜。
- 每次冲突结束后，焦虑型恋人就失去更多自我。在与回避型恋人的感情战争中，由于缺乏安全感，焦虑型恋人常被负面情绪压垮。他们感到受伤，语言、想法和行为都走向极端，甚至提出分手。可惜的是，这都只是防御行为，并不是真心决裂。等他们冷静下来，心中就又充满了对恋情的美好回忆，就开始后悔。他们主动向回避型恋人示好，努力复合。面对焦虑型恋人的示好，回避型恋人回报以敌意，这是因为回避型人士的感情观和焦虑型人士不一样。他们压抑了美好回忆，恋人的接近，更让他们想起恋人不好的地方。

在这种情况下，焦虑型恋人处于不利地位，不仅没办法解决原有分歧，还使自己的状况更加悲惨。他们不得不低声下气，作出妥协，以勉强维持原来就不幸福的恋情。他们不得不放弃对幸福生活的奢望，任由其随风而去。

第9节

琴瑟和鸣只是一种奢望吗

*Escaping the Anxious-Avoidant Trap:
How the Anxious-Avoidant Couple Can Find Greater Security*

回忆温暖往事　营造安全感　宠物也能启发爱情　爱情不在服务区
挤牙膏引起的风波　情绪聚焦疗法　放弃琴瑟和鸣的奢望　冲出感情的牢笼

焦虑型人士与回避型人士的恋情困难重重，根本原因是亲密感需求不同。他们该怎么做，才能解决感情问题？成人依恋研究发现，依恋风格稳中有变，这或许是本领域最重要的发现之一。

在上一节内容中，我们详细叙述了焦虑回避型恋情面临的各种困难。在这一节，我们要为这类恋人提供一些建议，帮助他们改善关系，使他们的感情朝安全型发展。一个人如果和安全型恋人交往，耳濡目染之下，就会具备更多安全型品质。如果恋人双方都不是安全型，也不是一点改善的机会都没有。研究发现，人们能通过主动回忆温暖积极的往事，获得更多安全感。当一个人回忆起一段有安全感的恋爱，或者生活中出现过的安全型榜样，他们通常也能向榜样学习安全型的行为方式。这样，他们的依恋风格会逐渐转变，从而具备更多安全型特点，以更积极的方式处理感情问题，身心健康都得到改善。一对恋人如果都能朝安全型发展，他们的感情将水涨船高。

幸福恋情，从营造安全感开始

要营造安全感，一个最简单的办法，就是看看周围安全型人士怎么处理恋爱问题，把他们当作榜样。你可以回忆在各个生活阶段遇见的各种人。你的安全型榜样可能与你关系很近，比如你的父母兄弟姐妹，或者朋友、同事、熟人。

他们和你的关系不是最重要的，重要的是这位榜样有安全型依恋风格，待人处事有安全型特点。

想起一位或几位安全型榜样之后，下一步是回想他们的做事方式、说话方式、处理问题的方式。他们看重哪些问题，又把哪些问题看得很轻？在恋人不愉快的时候，他们会怎么做？他们的生活观和感情观是什么？下面是两个找到榜样的例子。

“有一次，我和经理发生争执。我反对他的意见，他却表示非常愿意聆听我的意见，和我对话，没有和我吵架。”

另一个例子是：“我最好的朋友乔恩和他的妻子劳拉总是互相鼓励，支持对方勇敢地做自己想做的事。当劳拉决定离开法律行业，去做社工的时候，尽管这意味着收入会大幅减少，乔恩也第一个提出赞赏和支持。”

宠物也能启发爱情

情感辅导书籍《一起痊愈》(*Healing Together*)的作者苏珊·菲利普斯认为，我们和宠物的关系可以当恋爱关系的榜样。她说：宠物虽然经常做许多捣乱的事情，我们还是认为宠物无私地爱着我们。它们让我们晚上睡不着觉，打碎我们的宝贵物品，要求我们陪伴，可我们总是不在意这些麻烦，反而觉得它们可爱得不得了。

我们和宠物的关系充满安全感，在生活的其他方面这种安全感很少见。我们之所以可以原谅宠物的过错，接纳它们的一切，是因为我们认为不管宠物做了什么，它们都不是有意的，不是为了伤害我们。它们把家搞得乱糟糟，我们也不怨恨它们。我们下班回到家之后，还会与它亲热地玩耍。不管遇到什么情况，我们都对宠物不离不弃。

把你能想到的所有安全型例子都放在一起，总结他们值得学习的品质。总结之后，你会发现，这就是你的综合榜样，是你想成为的样子。

重整你的“情感模式”

在依恋领域中，“情感模式”指的是我们关于异性交往的基本观念，包括判断什么行为有魅力、什么行为没有魅力，还有对恋情的态度和期望等。简而言之，它就是你的感情观。理解自己的情感模式是第一步，这之后你才能发现哪些想法、感受和行为让你敏感、不安。

清点情感历史

情感模式决定了人们在恋爱中的言行，所以，我们首先来了解它。从已经读到的内容，你对自己的依恋风格有了更多了解。现在通过清点情感历史，你能更清楚地看到它对你在恋爱中的思想、感受和行为的影响。

清点情感历史之后，你能以依恋理论的视角看待过去和现在的恋情。近年来，记忆学习领域的研究表明，我们回忆的时候，会增加或减少许多情节。

我们的记忆并不像图书馆里的旧书，尘埃落定，一成不变，而更像一个鲜活的、会呼吸的有机体。我们回忆的过去，是经过篡改的过去。换句话来说，我们现在的经历影响着过去的回忆。在清点感情历史的时候，透过依恋理论的新视角，你可以改变盘踞在记忆中的负面观念，以此重塑情感模式，变得更有安全感。

下一页的清单，就是用来清点你的感情历史。这张清单应该由你独自填写。你可以找个安静的房间，不要被人打扰，让自己从依恋的视角，完整地清点过去的恋情。

在第一条写下所有恋人的名字，曾经有过短暂交往的也算。完成这一条之后，再填写下一条。这样你可以避免沉浸于某一段感情中，作出以偏概全的判断，而是全面地回忆恋爱时的表现，全面地分析自己的情感模式，越全面越好。

在第二条，写下每段恋情的主要事件以及它给你的整体感受。在第三条，你可以回忆一些具体事件和场景。

哪些恋情激发了依恋系统，哪些压抑了依恋系统？在第四条，写下你对第三条具体事件的处理方法。你采取了什么做法？你当时有什么想法？什么感受？在表格后面，有一个情绪和行为清单，可以帮助你回想当时的状态。

第五条的内容尤其重要。在这一条，你需要从依恋的视角，重新评价自己当时的行为，分析它们对感情的影响。你行为的深层动机是什么？是依恋系统，还是防御行为，或者是压抑行为？如果你想不起来具体的表现，可以参考表格后附的清单。

在第六条，你可以反思自己的行为，反思它对你和恋情的伤害，它怎样阻碍了你获得幸福。

最后，在第七条，你可以思考，如果再遇到相同的问题，你会采用什么更好的、更有安全型特点的方法？填写的时候，想一想你在生活中遇到的安全型榜样是怎么做的，或者参考我们在后文中列举的安全型行为原则。

清点你的情感史

1. 恋人姓名。

____

2. 那段恋情总体感觉怎么样？你们交往的常见问题是什么？

____

3. 激活依恋系统或者压抑依恋系统的具体事件。

____

4. 我的反应，包括想法、感觉和行为。

____

5. 我采取的非安全型情感模式。

____

6. 上述模式对我和感情的负面影响。

____

7. 向安全型榜样学习，思考安全型行为原则。我可以怎么改进？

____

你可以请一位了解你的人和你一起清点情感历史，比如家人、挚友，或心理咨询师。向一位了解你情感模式的成熟人士求助，请他指出你在恋爱中的行为表现。

所谓“当局者迷旁观者清”，当你的判断力被激活策略或压抑策略左右时，他们的立场往往能帮你看清楚状况。他们可以提醒你注意自身的不良依恋倾向，以及这种倾向对感情的伤害，帮助你培养更多安全感，不再执迷不悟，继续做出伤害两人感情的事情。

清点完感情历史后，你应该已经了解自己的情感模式，意识到它对幸福生活和工作的影响。或许，你还看清了自己在恋爱中反复遇到的难题，还有你和恋人的常见冲突。有了这些发现后，你就可以对过去的情感进行总结。

我的情感模式——情感历史总结

在恋情中，哪些情况会引爆你的情绪，激活你的依恋系统（焦虑型），或使你的依恋系统压抑（回避型）？

____

____

你的情感模式有哪些缺陷阻碍你获得更多安全感？

____

____

在恋情中，哪些依恋问题经常困扰你？

____

____

回顾你填完的情感历史清单，问自己：

1. 如果安全型榜样遇到你的情况，他们会怎样看待问题？他们的视角对你有什么参考价值？

2. 他们遇到你的情况，会怎么做？

3. 他们会怎么看待这件事？

4. 如果他们了解你的情况，知道你遇到的感情问题，他们会给你提出什么建议？

5. 从你和他们的交往来看，他们的处事方法对你处理感情问题有什么参考意义？

这些问题的答案对你完成情感历史清点清单的最后一条，也是最重要的一条有很大帮助。填写完毕后，请参考下面两个案例。它们能让你更好地理解为什么要清点情感历史，怎么样清点情感历史。

“情感模式”举例

爱情不在服务区

我们采访乔治娅和亨利的时候，他们正在吵架。按照亨利的说法，他无论做什么，乔治娅都不满意，她总是吹毛求疵，没事找事；而乔治娅认为亨利没有尽到丈夫的责任，什么事都不管。不管做什么计划，决定什么事情，从为婆婆买生日蛋糕到选择居住的地方，都需要她追在亨利后面商量才能决定。

在婚姻中，她感觉孤立无援。乔治娅明显具有焦虑型依恋风格，所以我们鼓励她分析自己的情感模式。于是，她告诉我们，他们之间有一个常见的问题，让她很不愉快，这个问题是：从周一到周五，亨利都没有时间和她说话。她给他打电话、发短信，他几乎从来都不回复。

乔治娅在情感历史清点清单里填写道：

1. 恋人姓名。

亨利。

2. 这段恋情总体感觉怎样？你们交往的常见问题是什么？

我感觉孤立无援，没人关心。好像只有我一个人在为感情努力，我感觉很累。

3. 激活依恋系统或者压抑依恋系统的具体事件。

亨利在工作日从不回电话。

4. 我的反应，包括想法、感觉和行为。

我感觉焦虑不安，怀疑自己是不是做错了什么，惹得亨利不高兴了。胃疼。不断给他打电话，或者强迫自己等他来电话。接到他电话的时候，对他没好气。

5. 我采取的非安全型情感模式。

依恋系统活动：由于依恋系统活动起来，我焦虑不安，感觉要立刻和亨利谈谈。

防御行为：亨利给我打电话的时候，我对他没好气，希望他能注意到我的感受。

6. 上述模式对我和感情的负面影响。

我不仅没能接近亨利，还和他吵起来。由于思念亨利，我不能集中精力工作。我知道他爱我，可是没办法控制自己的情绪。

7. 向安全型榜样学习，思考安全型行为原则。我可以怎么改进？

我的咨询师黛比给我许多情感支持。她让我心情不好就给她打电话。她说："乔治娅，与其一天都不快乐，还不如给我打10 分钟电话说说。"有她这句话的支持就够了。

我认为，我并不是一定要给亨利打那么多电话。我只要知道他会回应，就足够了。我给亨利打电话的次数太多，违反了作为安全基地的"不干涉恋人"原则。

亨利是回避型依恋风格。他在医院工作非常忙碌，乔治娅马不停蹄的电话和短信让他感到无法招架。他回电话的时候，语气不耐烦，让两个人的谈话没办法顺利进行。他在情感清点清单里写的是：

1. 恋人姓名。

乔治娅。

2. 那段恋情总体感觉怎么样？你们交往的常见问题是什么？

我们的感情总是没有安宁。乔治娅总在要求我的关注。

3. 激活依恋系统或压抑依恋系统的具体事件。

我工作很忙，乔治娅却不停打电话、发短信。

4. 我的反应，包括想法、感觉和行为。

失望沮丧。一想到乔治娅依赖感这么强，我就生气。

我关掉手机，即使回电话，口气也恼怒不堪。

5. 我采取的非安全型情感模式。

压抑依恋系统：我认为乔治娅依赖感太强。

我忘了她是爱我的，她不是有意给我压力。

疏远她：关掉手机，说话的时候语气愤怒。

6. 上述模式对我和感情的负面影响。

我回到家里，见到乔治娅伤心难过，我感觉很内疚。

有时候，她是因为有事才给我打电话，比如和我商议晚上在哪家餐馆预订座位。由于关机，我就没接到。

7. 向安全型榜样学习，思考安全型行为原则。我可以怎么改进？

我的主管和他的妻子总是有事互相商议。他们是医院的部门主管，也是模范夫妻。主管的妻子甚至会打电话提醒丈夫留出足够时间锻炼身体。我违背了作为安全基地的“支持恋人”原则。在乔治娅需要的时候，我应该设法给她支持。

分析完各自的情感模式之后，乔治娅和亨利都开始以新视角看待他们的关系。亨利意识到，他忽视妻子的需要、轻视她的依赖感，只能使问题更加严重，造成两人婚姻不幸福。乔治娅认识到，由于采用防御行为，她实际上和丈夫更加疏远，不能如愿地和他接近。他们心平气和地坐下来，一起聊这些反复出现的问题，一起想办法解决。亨利说，他白天上班的时候也想念乔治娅，却实在太忙，真的没有时间给她打电话。听到亨利说在两人分开的时候也想她，乔治娅感到不胜宽慰，也理解了他的工作压力。她觉得，工作的时候只要知道亨利没有忘记她，就足够了。

于是，他们找到了一个很棒的解决方案。亨利提议，可不可以在想她的时候，给她发一条事先写好的短信。这只需要举手之劳，就可以大大减少乔治娅的焦虑感。这个办法改善了两人的关系。乔治娅接到丈夫发来的“想你”短信，就能专心工作。亨利意识到乔治娅不是有意唠叨，打扰他的工作，也不再埋怨乔治娅。实际上，想到主管和主管妻子的榜样，亨利也明白了“安全基地”有利于事业发展。此后每天晚上两人团聚的时候，他们不再感觉剑拔弩张。妻子不再苛求，丈夫也变得和颜悦色。

依恋你我

挤牙膏引起的风波

格雷斯刚刚搬到纽约市，同在纽约的男朋友萨姆想让她和他一起住。他们已经交往2年，他觉得两人的关系可以更近一步了，而且住一起还能节省不少房租啊！然而，格雷斯不想去萨姆家住。她想找一个大点的房子。萨姆不同意，他喜欢自己的小房子，而且既然自己有了房子，就没有道理去给别人交房租。他认为两个人住小房子也挺好。事实上，让格雷斯搬来住，他也有点顾虑。他之前一直独居，习惯了一个人的生活。这么多年来，他只靠自己生活，难免感觉孤独，想让生活有点变化。

最后，格雷斯真的搬了进来，萨姆却感觉压力与日俱增。有时候，他感觉自己要窒息了。在他看来，房间里到处都是格雷斯的东西，一个人的安宁被打乱了。终于有一天，他爆发了——导火索是一支牙膏。他一向从牙膏尾部挤牙膏，格雷斯却从牙膏中间挤。看着七扭八歪的牙膏，他大发雷霆，责怪格雷斯邋遢、不注意整洁。格雷斯感到大吃一惊。自从搬进来，她一直小心翼翼，处处谨慎，萨姆的责怪让她感觉非常沮丧。

两人冷静之后，萨姆仔细想了想，在情感清点清单里写下这些内容：

1. 恋人姓名。

格雷斯。

2. 这段恋情总体感觉怎样？你们交往的常见问题是什么？

我原来认为我们合得来，现在有点不确定了。也许我这个人不适合和别人一起生活。

3. 激活依恋系统或者压抑依恋系统的事。

格雷斯搬到我家里，打乱了我的生活，最后，牙膏的事情让我忍无可忍。

4. 我的反应，包括想法、感觉和行为。

烦躁生气。我认为和格雷斯同居是个巨大的错误，我感觉失去了自己的家。我进退两难。不管格雷斯做什么，我都要找茬，指出她不行。我经常给格雷斯脸色。

5. 我采取的非安全型情感模式。

压抑依恋系统：认为格雷斯不好，侵占我的个人空间。压抑对她的爱意，忘记我曾经非常希望和她同居，忘了自己一个人过有多么孤独。

6. 上述模式对我和感情的负面影响。

我想让她按照我的方法做事，这让她感觉很紧张。她的紧张也影响到我的心情。我伤害了我们的感情，伤害了我唯一在乎的恋人。我不想回到过去一个人的生活。那时我孤独，不快乐。因此我接受了心理咨询，这段恋情就是接受心理咨询后才得到的。

7. 向安全型学习，思考安全型行为原则。我可以怎么改进？

我的咨询师说，要给双方一段适应时间，不要唐突地下结论说自己不适合谈恋爱。我最好的朋友和恋人已经同居1年多。他们一起去超市，一起做家务。我非常羡慕他们。我违反了“不干涉恋人”原则。我家对她来说是个新地方，我要支持她，不能给她压力。

面对萨姆的冷漠与疏离，格雷斯刚开始很不解。仔细思考之后，格雷斯在情感清点清单里写的是：

1. 恋人姓名。

萨姆。

2. 这段恋情总体感觉怎么样？你们交往的常见问题是什么？

我不知道最近怎么了。我们一直相处很好，但是自从我搬过来，他就变得疏远而且苛刻。我就知道，我们当时应该选择一个对于我们都是新地方的房子。

3. 激活依恋系统或者压抑依恋系统的具体事件。

同居，不断被责怪。

4. 我的反应，包括想法、感觉和行为。

我感觉自己无论做什么都是错的。我确信他不再爱我。我为什么要和他同居？在他家，我感觉像客人一样拘束。我的处境真难。我感觉自己不行。我真有这么邋遢吗？我感觉我们过不下去了，也许快分手了。

5. 我采取的非安全型情感模式。

由于一件小事，否定整段感情。怀疑自己。轻率地判断“我们的感情完了”。沉浸在负面记忆和消极情绪里。

6. 上述模式对我和感情的负面影响。

相信什么事，什么事就会发生。我生气、发怒，只会使感情真的完结。我如果这么极端地看问题，就想不出什么解决方案。

7. 向安全型榜样学习，思考安全型行为原则。我可以怎么改进？

我姐姐说得对。她说，萨姆吃住、工作都在家里，家里突然多了一个人，这种变化可能太突然了。她建议我们寻找一个缓冲区，让我们有时间渐渐适应两个人的生活。适应是需要时间的。她还说，刚结婚的时候，她和丈夫也经历了一段适应期。我违反了作为安全基地“支持恋人”的原则。我需要给萨姆更多支持。他比我更难适应两个人生活的变化。

完成情感清点后，萨姆意识到，多年的独居生活使他习惯了只依靠自己，现在这种生活方式受到了挑战。他爱格雷斯，只是突如其来的变化令他应接不暇。格雷斯也明白了，萨姆需要一些时间适应新生活，而自己原来的情绪反应对恋情没有好处。她认同姐姐的看法，觉得该找一个缓冲区域。正好，她的一个好朋友要离开纽约半年。她提出租用这所房子，在那里进行艺术创作，或者进行其他的业余活动，不用担心打扰萨姆。听了这个建议，萨姆感到很惊喜。知道格雷斯有别的地方可以去，他感觉如释重负，再也不为突如其来的生活变化喘不过气来。格雷斯其实并没有在另租的房子里住多久。半年之后，她也不需要再去找其他房子，因为萨姆和她已经适应了两个人的生活。

难以逾越的鸿沟

依恋风格稳中有变，你可以争取向安全型发展。每当你遇到一个新难题，为某件事感到不满，或者刚与恋人争吵，就在情感清点清单里记录下来，进行分析。这样做有助于你走出非安全型的恋爱模式。在向安全型发展的时候，你们不仅仅解决了感情问题，还使感情更幸福。找一些方式，去享受和恋人在一起的时光吧，一起去公园散步，一起看电影，吃一顿特别的晚餐，一起看一台两人都喜欢的节目，让两个人身心贴近。摆脱了非安全型的情感模式之后，你处理感情问题的能力将大大改善。情绪聚焦治疗法（Emotionally Focused Therapy）的创立者休·约翰逊（Sue Johnson）博士以多年临床治疗经验和研究结果证实：**营造安全感、意识到恋人需要互相依赖，是改善爱情生活的最好办法。**依恋领域的另一位先驱丹·西格尔（Dan Siegel）博士在许多著作（例如《发展中的心理》（*The Developing Mind*）、《儿童心理教育》（*Parenting from the Inside Out*）中指出，人们可以采取一些方法学习安全型人士的优点。他以一种特别的技巧指导非安全型人士，以安全型的视角看待过去的恋情。他教会我们系统地回忆幼时的亲子关系，不仅帮助我们成为更好的家长，还能让我们在生活的其他方面有所改善。

总之，经营一段有安全感的恋情，对于两个人都大有裨益。焦虑型恋人能从中得到渴求已久的亲密感，回避型恋人也能感受到宝贵的独立和自由。

如果你已经为一段感情竭尽全力，努力带它走出陷阱，试图摆脱恶性循环，却还是失败，你该怎么办？失败的原因可能是一个人不愿意改变，也可能是双方都已心灰意冷，也可能仅仅是因为有些事情无力改变，失败是必然的。我们相信，焦虑回避型的恋情如果不向安全型发展，必然会冲突不断、矛盾升级，两人之间的分歧不会凭空消失。然而，我们也相信，知识就是力量。两个人之所以相处困难，并不是某一个人的问题，而是感情中存在难以逾越的深层冲突，认识到这一点对两人来说都将是一种飞跃。

认识到这一点最大的好处之一是，恋爱的一方不必继续责怪自己。由于非回避型恋人总是感到被回避型恋人疏远，所以感情冲突对他们的伤害更大。在本书的许多案例中，我们都看到这种现象：回避型恋人的行动神神秘秘，他们责怪伴侣依赖感太强，喜欢分床睡觉，一有机会就单独行动。如果你的恋人是回避型的，你会不断感觉自己受到拒绝和责难。忍受一段时间之后，你开始责怪自己，认为他只是对你不满意，而他如果和别人恋爱，一定不会这么无理。你会以为自己缺乏魅力、不够优秀，才遭受到对方冷漠的对待。

你要意识到，你们之间的争吵有难以克服的原因，但不必自我责备。恋人与你争吵不断，只是为了和你保持距离，不管和谁谈恋爱，他都会这样。一旦明白这一点，你就不会再把所有的感情问题都归咎于自己。

在焦虑回避型感情中，回避型一方受到的伤害比较小，至少从表面上看起来是这样。回避型人士不考虑恋人怎么反应，单方面疏远他们。从外表上看，回避型人士潇洒自如，只不过，他们的内心未必真如表面那样平静。调查结果显示，他们压抑自己对亲密感的需要，在恋情中也不会感到幸福。不公平的是，他们把自己的不幸福怪罪到恋人身上，而不反思自己对恋人的冷漠和疏离。

知道这一点之后，这些恋人怎么在一起继续生活?

针对这个问题，我们访问了阿拉娜，她向我们讲述了她与前夫斯坦的经历。

据她回忆，他们的感情也有过短期的稳定阶段。只要斯坦忙于工作，周末两人也各忙各的，不互相干涉，他们就能相安无事。一旦阿拉娜提出两人需要共度浪漫时光，好好交流一下，他们就会出问题。不管阿拉娜提出做什么事情，斯坦总能找借口不参与。他们之间，经常上演这一种戏码：说好了周末一起出去游玩，阿拉娜兴奋不已地把快乐的心情和朋友、同事分享，忙着收拾行李，准备出发。不料，几天之后，斯坦又临时变卦，说有事不能出去。阿拉娜好像霜打的茄子一样，沮丧失望。斯坦的借口很多：加班、身体不舒服、汽车坏了需要修理等。他们为此争吵，争吵之后是短暂的平静，接着又迎来下一次争吵。阿拉娜的希望一次次被燃起，又一次次被熄灭，内心感到痛苦不已。

最后，阿拉娜与斯坦的感情走到了死胡同。其实，他们之间的分歧并不在于周末的度假，甚至也不在于浪漫不浪漫，而在于两人之间不断分化的巨大鸿沟。阿拉娜心里隐约明白这一点，只是不能够接受这个事实。

为爱妥协，只为有限的亲密感吗

还有一些焦虑回避型恋人努力地维持着婚姻生活。他们是怎么做到这一点的呢？他们意识到，感情的某些方面永远强求不来。如果强求，结果就会像西西弗斯向山顶推动巨石一样，只会感到无尽的失望和沮丧，最后这场感情战争终究会失败。如果不想失望，只好降低自己的期望值，接纳恋人的不足，用一些实际的做法弥补感情缺憾，例如：

- 认识到在感情的某些方面，恋人永远都是老样子，接纳对方，不再奢望对方会改变。
- 恋人疏远他们的时候，不再认为这是针对自己，接纳恋人那些由依恋风格决定的言行。
- 学会自己做事，不再想着和恋人一起做。
- 对于恋人不感兴趣的活动，和志同道合的朋友们一起做。
- 学会欣赏恋人的优点，忽视恋人做不到的事情。

我们知道，很多人在长期的感情挣扎后，终于改变了自己的想法，找到一种折中的方法，让两个人的生活继续下去。下面是一些例子：

- 道格，53岁，每天都因为妻子晚归而发火。最后，他决定克制自己，妻子回家时，亲切温和地和她说话。他开始努力营造温馨的家庭氛围，不再吵架，不再让家像个硝烟滚滚的战场。
- 纳塔莉，38岁，她一直梦想着空余时间都和丈夫一起度过，但是丈夫从来都不同意周末和她粘在一起。他们为此争吵了好几年，最后，她决定改变自己。现在，她周末自己想做什么就做什么。如果丈夫偶尔感兴趣，那么就和他一起过。如果他不感兴趣，她就一个人自得其乐。
- 佳妮斯，43岁，她丈夫叫拉里。拉里之前离过婚，对养育孩子的事情并不上心。最后，佳妮斯不得不接受，在养育子女方面，还有生活的某些方面，她都得自己做主。她放下自己的期望，当他不愿意照看孩子的时候，她不再感到愤愤不平。

上面这些人和恋人都长期存在着分歧。他们放弃了与恋人真正琴瑟和鸣的奢望，为了保持有限的亲密感而作出妥协。结果不是双方的和解，而只是一方的妥协。为了亲密感而不断争吵不会有任何结果，只会造成沮丧失望，所以，他们决定降低期望值，不让冲突毁掉两个人的生活。

面对焦虑回避型恋情，大家应该采取妥协的方式吗？答案是要看情况。如果你的感情已经持续了很长时间，没有办法解决由依恋风格造成的冲突，又希望和恋人继续在一起，那么妥协是两人和平相处的唯一办法。和没有依恋风格冲突的伴侣相比，你的感情生活没那么美满；但和天天因为依恋风格冲突而争吵的伴侣相比，你的日子还过得去。他们天天争吵，是因为没有认识到争吵背后的深层原因，不明白争吵其实无法消除两人之间的分歧。

如果你有一个新的恋人，双方感情尚不深厚，就已经遇到许多依恋风格冲突，我们建议你好好想一想，你是否愿意为了和此人在一起，而作出许多妥协。要知道，因为依恋风格不同而争吵和一般恋人之间的争吵，本质截然不同。一般恋人间的争吵是为了找到共识，解决问题，让两个人更亲近。为了依恋风格冲突而争吵，则会反反复复，难以休止，迫使恋人中的一方总是不得已违反自己内心的需要，无止境地作出妥协。

依恋风格冲突的伤害不止于此。在下一节，我们将举例说明，由依恋风格造成的冲突可能失去控制，对当事人造成巨大心理困扰，使他们找不到感情的出路。我们将告诉你，怎么才能把伤心留在身后，冲出负面感情的牢笼。

第10节

和亲密“敌人”说再见

When Abnormal Becomes the Norm: An Attachment Guide to Breaking Up

别为他的童年阴影买单　多年的爱情长跑依旧以离婚收场　最容易出轨的恋人　避免性生活　人总是伤害最亲近的人吗　“情感反弹效应”　为何总是放不下

- 克莱和汤姆在周年纪念日共进浪漫晚餐。克莱充满爱意地凝视着汤姆，突然间，汤姆语出不逊：“你老盯着我干吗？别看我，真烦人。”克莱真想一走了之，但是忍住了。她什么都没说，一语不发地吃完了晚饭。
- 加里和休在危地马拉探险漫游。走路的时候，加里总不和休亲密地走在一起，而是走在前面，时不时讽刺她走路太慢，又懒又弱。
- 应丈夫要求，帕特在做爱的时候一动不动。事后，丈夫说：“感觉棒极了。最棒的是我好像在和另一个人做爱，一个素不相识的陌生女人，性感得不得了。”听了这话，帕特感觉很崩溃。

在上一节，我们讨论了焦虑回避型恋人组合遇到的各种问题，提出了一些解决问题的方法。然而，在很多时候，即使付出再大努力，恋情还是没能得到改善，一对焦虑型和回避型怨偶之间只剩下彼此伤害，互相刺激着对方朝更坏的方向发展。总之，伤心已经是常态。

大家普遍认为，只有“受虐狂”或者“懦弱者”才会一再忍受，如果他们选择忍耐不分手，是他们自己倒霉活该。

还有一些人认为，这样的人是由于童年受到创伤，恋爱才如此不顺。这些观点都有失偏颇。

为了你的幸福，错爱要勇敢告别

在著作本书的时候，我们访问了时年 31 岁的玛莎，她和克雷格的经历就是对上述两种观点的驳斥。她坦诚而简洁地向我们讲述了她的故事，没有隐藏或修饰其中的快乐与悲伤。她希望自己的故事被写到书里，可以帮助与自己有类似情况的女性朋友。她想让所有女性明白，她们有能力结束一段伤痕累累的感情，去寻觅幸福的新生活。

玛莎想要说明一点，和克雷格分手之后，她找到了一个真正爱她、对她好的男人。她之所以为克雷格纠缠伤心那么久，唯一的原因就是她是焦虑型的风格，而克雷格是回避型的。正如我们在第 5 节提到的，这两种类型的人之间存在着难以抗拒的吸引力，一旦开始交往，即使不幸福，也很难让他们放手。玛莎与克雷格正是这样一对典型的焦虑回避型组合，她在其中的遭遇可谓不幸，分手更是经历了巨大的心理挣扎。

玛莎的故事虽然曲折悲戚，结尾却是充满希望的。我们写下这个故事，有 3 个原因：表明依恋的强大力量；说明心理健康的人也可能遇到纠缠不清的爱情；告诉身处同样情况下的痴男怨女，只要鼓起勇气分手，就可以给自己找到更美好的未来。

依恋你我

多年爱情长跑，敌不过他的固执自封

我上大学的时候遇到克雷格。他外貌英俊，喜欢运动，一举一动都让我心动不已。此外，他是物理课助教，工作内容比较复杂，我认为他很聪明。然而，从交往一开始，他就有一些行为让我无所适从。

他第一次约我时，我以为是他要和我单独约会，没想到是和他的一群朋友一起。我肯定自己没有误会他的意思，任何一个女性都会认为那是单独的约会。可我没吱声，默认自己误解了他的本意。不久，他单独约了我，我开始承认上次是自己搞错了，不再追究。

交往1个月后，我想在他田径练习的时候到场为他加油助阵，想给他一个惊喜。他不仅不感谢我的支持，还装作没看见我。他和朋友们待在一起，甚至没和我打个招呼。除了认为他看不上我，我还能有什么别的想法？

事后我问克雷格他为什么这么对我。他说："玛莎，周围那么多人在场，干吗要让他们知道我们在谈恋爱？"他的话气得我流下了眼泪。可他又是抱着我，又是亲吻我，让我与他和好。不久后，尽管克雷格不公开承认我们的恋爱关系，大家也都看穿了我们就是一对儿。

不幸的是，痛苦才刚刚开始。我对恋情很认真，他却漫不经心。交往几个月之后，我以为我们的感情进展顺利，就对前男友说（那时我还偶尔和他见面）不再见他。我也把这个决定告诉了克雷格，他的反应吓了我一跳。他质问我说："你为什么跟前任决裂？我们才刚开始交往，可能不会有什么结果的！"

又是几个月过去了，我们的感情终于步调一致了。他搬进了一个单人公寓，请我和他一起住。看到他开始认真对待我们的关系，我高兴地同意了。在别人看来，我们的同居再正常不过，因为克雷格是个好人，别人对他印象都很好。和他交往不深的人都认为他脾气很好。然而，实情和表象相差很远，我和克雷格同居的日子好像感情过山车，每天以泪洗面。

克雷格不停地拿我和他的前女友金吉尔相比。他说，金吉尔完美无缺，头脑聪明、容貌秀美、幽默风趣、成熟世故。而且他们还保持联系，这让我很难明确自己在他心里的位置。他夸起金吉尔滔滔不绝，贬损起我来毫不留情。特别是他竟然认为我智力低下，这让我很惊愕。我也是常春藤学校毕业的呢，但我没和他计较。

我自信自己还算聪明，可对自己的外貌没有信心。我觉得自己相貌平平，偏偏克雷格喜欢夸大我的缺点。长几颗脂肪粒，就被他嘲笑几个星期。他第一次看到我洗澡，竟然说我“像个长着大胸的侏儒怪”。他这些话让我对自己的外貌更没信心了，有时甚至很自卑。有一次，我吃多了，感觉自己很胖，不由自主地问他既然觉得我难看，为什么还和我做爱。面对自卑的女朋友，大多数男人都会说句鼓励的话吧！比如“玛莎，你怎么能这么说呢？你很美”之类的话，让女朋友高兴。

然而，克雷格干巴巴地说：“想做爱的时候，你正好在。”他甚至不觉得自己的话很侮辱人，他以为自己说得很客观，十分符合事实。

他说话太伤人了，我努力和他谈了几次。有一两次，我甚至说他有点感情障碍。可他听不进我的话，一只耳朵进，另一只耳朵出。几次谈话无果后，我对自己说：再也不能忍受了，我要鼓足勇气和他分手。然而，这时他总是告诉我他爱我，说我们应该在一起，让我心软下来，没办法和他分开。

他真的爱我吗？也许是吧。他每天都说他爱我。于是，我给他的行为找借口，劝自己不要责怪他，因为他的成长环境不健康。他的父亲很大男人主义，对他母亲态度很恶劣。我心里怀着一丝幻想，认为他是因为童年阴影才成为今天的样子，也许有一天可以走出阴影，脾气变好。

由于错误的奢望，我做出许多妥协。克雷格和他父亲一样非常大男人主义，事事都要以他为主。他想做什么，我们就得做什么。一切的事情，都是他说了才算数。我们看什么电影，我做什么饭菜，都由他决定。他知道我在乎家居美观，可还是不顾我的感受，坚持在客厅里挂上球星奥尼尔的大幅海报。

我不好意思让朋友们知道克雷格对我很差，所以只要和他在一起的时候，我都避开自己的朋友。在他的朋友面前，他对我的态度也好不到哪里去。我的性格其实挺内向，可有一次，和他的熟人一起玩时，他们在讨论一个问题，我也想说句话。他突兀地打断正在说话的人，说："大家注意听，我的'天才'女朋友要发言了。"还有一次，在海滩上的时候，我让他给我拿条毛巾，他当着所有朋友的面吼道："自己在太阳底下晒干！"这只是两个小例子,还有许多其他事情。我请他不要那样对我说话，可他听不进去，最后我真的没有办法了。

我们的感情并不快乐。它能持续那么久，原因只有一个，就是克雷格虽然总是说贬低我的话，私下里却对我很亲密。我们经常拥抱，搂在一起入睡。克雷格很少与我做爱，可有亲密的拥抱，我就感觉很满足。

我在心里不断妥协，不断用不实际的话欺骗自己。我对自己说："不存在完美的爱情，必须接受不完美。所以，我还要和克雷格在一起。"交往数年后，我认为自己该结婚了。我和他说了这个想法，他不合时宜地回答说："结婚干吗？那我岂不是再也不能和别的年轻女孩做爱了！"虽然如此，我还是希望嫁给他。

结婚是我们之间唯一一件我做决定的事情。他刚同意结婚，我就知道这是个错误的决定。他轻描淡写地说："结就结吧。"他给我买了一枚小戒指，上面的钻石不停脱落。这真是个不祥之兆啊！

我们在巴黎度的蜜月，过程真是让人不忍回顾。我们时时刻刻都在一起，本来有很多时候可以开心享受，我却感觉自己是自讨苦吃。克雷格事事看不顺眼，埋怨旅店服务不周到，怪我路痴，抱怨不休。有一次，我不小心坐错地铁，他就狠狠地骂我。听着他的咒骂，我突然间明白了，我不可能让他改变。我们回家后，家人问我们过得怎么样，我不敢告诉他们真相，只能声音微弱又心虚地说："还好。"我只能用这样的词来形容蜜月，心里苦涩不堪。

我感觉自己掉进了陷阱，却没有力量摆脱这个噩梦。有好几次，我提出不能在一起生活了，克雷格就把我劝住。我开始想象着，他如果爱上别人，主动离开我就好了，因为我恐怕永远都没有真正的勇气首先离开他。幸运的是，克雷格有勇气。说了无数次离婚之后，他终于答应我，说下一次我提出离婚的时候，他不会再挽留。他说到做到了，我很感激他。最后一次我忍无可忍的时候，我要求离婚。他说："好吧。"为了这次离婚，我损失了一万美元合伙买房子的钱，然而在我眼里，这是我最好的一笔投资。

离婚程序比较快，也很顺利。离了之后，我们还保持联系。只要不天天和他在一起，就会觉得他这个人还不错。他性格有趣、和蔼、有魅力。他再想说话伤害我的时候，我转身就走，不和他纠缠。

玛莎的故事到此告一段落。告别克雷格之后，她幸运地遇到了真命天子，过上了幸福的生活。和新爱人在一起，她换了更好的工作，发展了新的爱好。她现在心情平静，再也不会像以前那样情绪翻腾。

她要的只是亲密，他却只想保持距离

玛莎和克雷格的故事说明了焦虑回避型感情面临的巨大困境。克雷格不喜欢太亲密的感觉，一有机会，他就在自己和玛莎之间树立情感障碍。开始的时候，他不愿意公开两人的恋情，后来，他不愿意主动提出结婚，贬低玛莎的外貌，避免性生活。他使用了不计其数的压抑策略，很明显，他是回避型依恋风格，而玛莎是焦虑型依恋风格。她渴望和克雷格亲近，关注恋情发展，渴望和他结婚。为了他，她天天以泪洗面，没有一刻不想他。后来，她经常想到离婚，这是关注恋情的另一种表现。和典型的焦虑型恋人一样，她的心情由于克雷格而起伏不定。她采取防御行为，总是提出离婚，又总是离不了。她的依恋系统长期处于激活状态，尤其在他们相处的头几年。直到最后，她因为对克雷格已经死心，依恋系统才稳定下来。

在这段感情中，两个人明显有不同的需要，这造成他们之间不断发生冲突。克雷格需要的是保持距离，而玛莎需要的是亲密感。克雷格作为回避型一方，自信心很强，让焦虑型的玛莎更加自卑。两个人在不和谐的感情中备受煎熬。克雷格的语言尖酸过分，却在玛莎忍无可忍的时候，表现得亲密体贴，营造偶然的甜蜜时刻，令玛莎难以割舍。每次的亲密过后，都会是再次的疏远，这也是焦虑回避型恋情的特点。

也许你注意到了，玛莎说克雷格“很少与我做爱”。回避型人士常常把性作为一种疏远恋人的手段。菲利普·谢弗与加州大学戴维斯分校博士生多里·沙赫纳在研究中发现，在三种依恋风格中，回避型最容易勾搭别人的恋人，也最容易因为外在诱惑而出轨。虽然研究表明回避型人士容易出轨，但是他们较少跟恋人做爱，未必就是因为出轨。

回避型人士即使不出轨，也会利用性疏远恋人。焦虑型恋人在做爱的时候，往往投入强烈的感情，喜欢用亲吻和爱抚表达爱意。而回避型有着完全不同的习惯。他们只关注性本身，忽略拥抱和爱抚，喜欢和恋人制定“不许接吻”的奇怪规则，让做爱这件事没有感情投入。还有一些回避型人士很少乃至从不与恋人做爱，或者在做爱的时候幻想别人。老夫老妻做爱有性幻想是为了增加双方兴致，让两个人更加亲密。回避型人士的性幻想则是单方面的，和恋人无关，只是为了和恋人疏远，是一项压抑依恋系统的策略。根据菲利普·谢弗与加拿大科学家奥德丽·布拉萨德（Audrey Brassard）和伊万·吕西耶（Yvan Lussier）针对已婚夫妇和同居情侣进行的一项研究，与各种依恋风格相比，回避型男女与恋人做爱最少。

不仅如此，他们还发现，如果回避型人士的恋人是焦虑型，那么他们就会更加不喜欢做爱。研究人员认为，焦虑回避型恋人组合，比如玛莎和克雷格，之所以不经常做爱，是因为焦虑型恋人希望有大量身体接触，这让回避型恋人退避三舍。为了和恋人保持距离，他们能不做爱就不做爱。焦虑型恋人往往把性生活与自身魅力、恋人的接纳联系在一起，因而对其非常重视。而回避型恋人对它的态度是竭力避免。不难看出，这两种态度必然引发冲突。在某些焦虑回避型恋情中，性不是最主要的问题。不过，情感的疏远依然存在，只是以其他方式表现出来。

最亲近的人，怎能伤害我最深

玛莎和克雷格恋爱的日子里，性不是主要问题。克雷格采取的压抑策略有很多，性只是其中的一部分。不管是在朋友面前，还是在他们同居的住所，他采取的压抑策略冷酷无情，而且永无休止。一句话来形容，克雷格像对待敌人一样对待玛莎，和他对外人的亲切和蔼形成鲜明的对比。就像玛莎说的，“克雷格是个好人，别人对他印象都很好。和他交往不深的人都认为他脾气很好”，他对待朋友和对待女友的方式判若两人。在世界上，和他最亲近的人是玛莎，受他伤害最深的人也是玛莎。为什么他对别人可以彬彬有礼，对玛莎就恶语相加？玛莎想不通。她认为，只要让克雷格知道他对她的伤害，他就会改变，像对待别人一样和善地对待她。

玛莎不知道，克雷格之所以对她态度最恶劣，正是因为她是他最亲近的人。亲近是美好温馨的字眼，然而成为回避型最亲近的人就不是一回事儿。一旦玛莎成了克雷格最亲近的人，同时就成了他的敌人。玛莎与他越亲近，他就越想把玛莎推走。

如果你是焦虑型，恋人是回避型，你也会有同样的经历。下面就是一些你已经成为他“敌人”的信号：

- 你不好意思让朋友知道恋人是怎么对待你的。
- 当别人告诉你，说你的恋人性格和善、关怀他人的时候，你感到吃惊。
- 听恋人和别人讲话，才知道他生活的真实情况。
- 恋人遇到重要问题，常常和别人商量，不问你的想法。
- 当你遇到紧急事件的时候，你不确定恋人是否会撇下一切支持你。
- 你的恋人在意给陌生人留下什么印象，却不在乎你的看法。
- 看到朋友的恋人细心关照朋友，你感到惊讶。
- 恋人最喜欢批评和攻击的人就是你。
- 恋人并不关注你的心情和身体状况。

上面说的符合你的情况吗？如果恋人对你不理不睬，对你不如对陌生人，经常对你冷若冰霜，那么你可能已经成了他的“敌人”。你唯一的错误就是成了他最亲近的人，也是他最想排斥的人。

比如玛莎和克雷格开始交往的几个星期里，就出现了许多迹象，它们就像犯罪现场冒着烟的枪一样，是克雷格不适合她的“铁证”，警示她前方是一个感情陷阱。

- 玛莎去为克雷格的田径训练加油，克雷格装作看不见她。
- 他企图向朋友隐瞒他们在交往的事实。
- 当玛莎和前男友决裂的时候，他不高兴，意味着他不想和玛莎长期交往。
- 他说话贬低玛莎。他拿玛莎和“幻影前任”金吉尔相比。

- 玛莎感到自卑的时候，他的话加重玛莎的自卑心理。
- 最重要的是，通过所有上述行为，他态度鲜明地表示自己不能满足玛莎的情感需要。

关于“铁证”的更多内容，请参见第5节内容。

成为回避型最亲近的人，是一件令人尴尬的事情。相反，成为安全型最亲近的人，就会有完全不同的体会：

- 你是他最在乎的人。
- 你是他最信任的人。
- 他最重视你的意见。
- 你感觉他爱你，能保护你。
- 你需要亲密感，他回报给你更多亲密感。

许多处于焦虑回避型恋情中的人以为，人总是伤害最亲近的人，他们还以为别的家庭也是如此。他们认为，家丑不可外扬，别人家庭生活即使有不愉快也不会说出去。在这里，我们要告诉你，你应该受到最亲近的人的尊重，而且大多数人都被最亲近的人尊重着。毕竟，安全型占了全部人口的50%以上，他们对待最亲近的人都非常尊重。

为什么放手总是这么难

许多活在焦虑回避型感情陷阱里的人，都不敢承认自己的困境。他们虽然认为感情生活有所缺憾，却同时为缺憾寻找借口，说：“谁没有缺憾呢？所有情侣都闹矛盾，所有夫妻都吵嘴。我们是正常的一对儿。”他们骗自己说恋人的行为没有那么糟糕。还有一些人像玛莎一样，能够意识到两人的感情问题，却没有能力改变现状。他们万般挣扎，让恋情苟延残喘，却不愿面对分手带来的痛苦。他们经历着分手造成的“情感反弹效应”。

既然知道自己成了回避型恋人的“敌人”，为什么还是不能和他分手？第一，因为分手很痛苦。被恋人错误地对待很痛苦，要斩断情丝，可能会更加痛苦。你理性上知道自己应该分手，但情感上接受不了。依恋系统中的情感因素阻止着你，让你不愿意一个人独自生活。依恋系统使我们在分手时痛苦万状，迫不及待地想要重返恋人安全的怀抱。大脑扫描成像结果显示，分手的时候，我们大脑中的某个区域活动剧烈，和大腿骨折时一样。我们的大脑对待肉体痛楚和心理痛楚的方式是一样的，令我们感到恐惧、不敢面对。

分手带来的不仅是心理的痛楚，还有各种思维的不正常。由于分手，我们的依恋系统被触发了，在头脑中造成一种有趣的假象：大脑中充斥着两个人在一起的美好记忆，而许多不愉快的经历都被暂时遗忘了。你会记起来，有一天你不开心，他贴心地安慰你，却忘了你不开心就是他害的。依恋系统一旦活动起来，力量是巨大的。就是由于这种力量，玛莎才迟迟不能和克雷格分手。

分手之后，如果再次复合，会有什么结果？作者阿米尔在哥伦比亚大学的同事，亲子依恋心理领域的领先学者迈伦·霍弗（Myron Hofer）通过一项研究，发现了一个饶有兴味的现象。当小鼠和母鼠分离时，它们有一系列生理反应：它们活动程度降低，心率降低，生长激素水平也降低。在实验中，霍弗通过人工干预来替代母鼠的角色。他用加热板让小鼠感觉到暖和，给它们食物，让它们吃饱，用一把细刷子模仿母鼠的爱抚。他发现，每一种人工干预之后，小鼠的一种生理反应就会有所缓解。小鼠吃饱后，心率恢复正常。感觉暖和后，活动程度提高。细刷子的抚摸维持它们的生长激素水平。

然而，只有一种干预方法能够同时消除小鼠的三种生理反应，就是让它们和母鼠团聚。

对于人类来说，情况也是如此。当我们和恋人分手时，我们的依恋系统就剧烈活动起来。我们变得好像实验里的小鼠一样，什么都想不起来，焦灼地盼着和恋人重聚。一想到只要见到这个人，自己的各种痛苦都会瞬间消失，怎么能不万分期待复合？就算只是和恋人坐在一起，也比和朋友、家人在一起感到更安心。

因为这个简单的原因，许多人即使想分手，也难以说分就分。往往提出分手许多次，还是在一起。也是因为这个原因，玛莎和克雷格分手很久之后，还与他保持联系。焦虑型的人需要很长一段时间，才能忘掉一个不称职的恋人，而且他们自己无法决定失恋恢复期的长短。只有当他们身体里的每一个细胞都确信那个恋人不会变好，也绝无复合的可能性，依恋系统才会稳定下来，让他们放手前行。

玛莎尽管不了解什么叫“情感反弹效应”，也知道自己的感情遇到了麻烦。她虽然不知道具体的概念，却亲自经历了好多次。最后一次分手的时候，她害怕自己又回心转意。多亏克雷格说话算数，最后一次离婚时不再拦阻她。她说要搬走的那天晚上，一切都很顺利。她把自己的东西打成一个小包，让姐姐立刻把她接走。从依恋理论的角度看，这次分手是经过充分准备的。

在分手的情况下，有熟悉的姐姐在身边安慰，有助于平息激动的依恋系统。给朋友打电话，接受他们的安慰，是另一种平息依恋系统的途径。难过的时候，还可以吃点冰淇淋、巧克力。当然，所有这些安慰，都不能完全平复她因为分手感到的痛楚。有时候，她简直不明白自己为什么要和克雷格分开。这时候，她的朋友家人就会提醒她，甚至每个小时都要提醒她分手的原因。

看透彻了，心就会晴朗

在玛莎成功分手很久之前，她就开始无意识地抑制依恋系统，准备逃离这段感情。和克雷格交往几年来，她付出许多努力，抚慰心中的不安，为他的行为找借口，不断伤心，最终这些努力都付之东流，所以她只能死心。在访谈中，玛莎告诉我们，虽然开始几年她几乎每天以泪洗面，但是在最后一年，她几乎从来没哭过。她的情感开始和克雷格分离。她再也不奢望会有什么改善。她开始越来越多地看到克雷格的缺陷，不只一味地关注短暂的幸福。她走过的这一段路，回避型人士天天都在走：关注恋人的缺点，和恋人保持心理距离。

玛莎是焦虑型的，然而在感情被克雷格伤害无数次之后，也开始使用这些压抑策略。如果要把一个人从自己心里赶走，就一定要使用压抑策略。在还没分手的时候，就可以使用这些策略。这也不能保证你一定不会经历情感反弹，一旦依恋系统由于分手被再次激活，所有的压抑策略可能都会失效。玛莎提前使用压抑策略，对她安全熬过分手初期的痛苦、熬过离婚大有帮助。如今玛莎已经和克雷格断了联系，他们不再是朋友，因为她已经找到了自己的灵魂伴侣。

一切终将过去，明天会更好

分手的确令人伤心，依恋理论的如下9个策略能帮你克服分手带来的痛苦。

1. **提醒自己是恋人的“敌人”。**如果你狠不下心分手，就问问自己是恋人的宝贝，还是恋人的“敌人”。如果是“敌人”，就该放手了。

2. **提前准备好支持网络。**和家人朋友分享你的真实境遇，重拾以前由于羞愧和痛苦而忽视的友谊。在你最终决定分手的时候，他们能帮到你。请参见第7条策略。

3. **在分手的最初几天，找一个安全温馨的地方居住。**由于复合的诱惑很强烈，一定要寻找身边所有的支持。父母、兄弟姐妹、密友都能帮你克制复合的欲望。

4. **以其他方式满足依恋需要。**从最亲近的人身上寻找支持，去做个按摩放松精神，大量锻炼，吃健康的食物。你的依恋系统越平静，分手的痛苦就越小。

5. **如果你忍不住分手之后又联系对方，不要感到自卑。**很明显，你最好不要在分手后联系前任恋人。如果你忍不住联系了他，也不要自暴自弃。你有权对自己好一点。你越是感到痛苦，就越想回到过去那种虚假的安全感里。是由于依恋系统，你才想和对方复合。

6. **你感觉分手之后生活艰难，这是正常的，因为痛苦是真实的。**朋友们可能都会劝你，让你尽快忘记前任，别再自怨自艾，赶紧开始新生活。但我们理解，痛苦是真实的，这无需否认。就当自己是摔断了腿，承认痛苦，宠爱自己，对自己好一些。

7. **当头脑又被幸福的记忆充满，请一个好朋友来告诉你真相。**提醒自己，告诉自己现在依恋系统不稳定，所以看不清事实。请一个朋友来告诉你真实的情况。即使你思念前任，甚至把他完美化，朋友的话也会让你慢慢看清现实。

8. **抑制依恋系统，写下必须分手的所有原因。**你的目标是让依恋系统平静下来。最好的办法就是回想不愉快的事情，把它们写下来。在大脑偏要想到美好记忆的时候，把写下来的所有原因好好看一遍。

9. **告诉自己，不管现在有多痛苦，一切都会过去。**大多数人都能走出分手的阴霾，最终获得幸福！

第V章

爱，要浪漫也要经营

The Secure Way-Sharpening Your Relationship Skills

我想和她在一起，难道她看不出来吗？

他没事就给我打电话，不知道我很忙吗？

我也不想吵架，可是有冲突了该怎么办？

向爱情经营高手安全型恋人取经，让爱来得再亲密一些！

第 11 节

有效沟通，让 TA 明白你的心

Effective Communication:Getting the Message Across

为何频频约我却总是没了下文　“你可以吻我一下吗？”　一味迟疑等待不会有结果　“其实我是想让你陪陪我。”　尽早分辨谁是对的人　40 岁终于相亲成功结婚生子

向恋人表达你的情感需求

有些人在相处初期会很矜持，害怕破坏自己在对方眼中的形象，别人不说，自己什么也不问。其实，在约会和恋爱中，应该学会有技巧地沟通。

他对我到底啥感觉，我们之间有未来吗

劳伦与伊桑约会几次后，感到迷惑不已。第一次约会，他们去了一个富有情调的酒吧，聊了好几个小时。可是晚上分别的时候，伊桑只是短促地说了一句“再见”就消失了。劳伦以为，他再也不会出现了。没想到，他又打电话约她。这一次，是去一个海滩酒吧看演出。在那里，他们喝了几杯酒，一起跳了几个小时舞，还沿着海边漫步。然而，最后还是什么都没有发生。他只说了一句“下次再会”，就和她告别了。

劳伦是焦虑型依恋风格，以为伊桑之所以这样表现，是因为不喜欢她。可是既然不喜欢她，为什么又要频频约她出去？难道仅仅因为需要一个人陪着吗？她实在喜欢伊桑，不愿意不明不白地放弃。针对她的情况，一位好朋友建议她不要继续瞎猜，如果想知道原因的话，就去直接问他。

起初，劳伦没有勇气发问，她害怕听到让自己失望的答案。

但她再也不想浪费时间，和一个对自己没有感觉的人交往。她开始试探地问伊桑："我不想只要精神恋爱，你到底怎么看我？"出乎她的意料，伊桑回答说他认为她很有魅力，也喜欢她。她进一步问他为什么不喜欢身体接触，他就不愿意回答了，闪烁其辞。

最后，她虽然依然不清楚伊桑为什么从不与她有身体接触，却清楚地看见了两个人的未来，就是他们之间不会有未来！

劳伦放弃了和他成为恋人的想法，不过两人还是朋友。伊桑告诉她，还有几位女性，在和他交往时感觉不明不白。她这才恍然大悟，明白伊桑的行为另有隐情——其实也没有什么神秘的，只是他不确定自己的性取向而已。劳伦很高兴自己很早就鼓起勇气表达了自己的疑问，否则一定一直这么悬在半空，到最后也落得失望的下场。

劳伦的经历是一个绝佳的例子，说明有效沟通是多么重要。直接向恋人表达自己的需要和期望，同时不让对方感到内疚，是效果最好的沟通方式。安全型人士天生就会用这样的方式沟通交流，而焦虑型和回避型通常需要学习，才能掌握这种技巧。

由于和伊桑进行了直截了当的谈话，劳伦就无需用自己的各种"理论"解释他的所作所为。如果劳伦无休止地容忍下去，那正合伊桑的心意：他身边有个女朋友，家人朋友不再催逼，同时可以在背后不慌不忙地搞清楚自己的性取向。劳伦表达了自己的需要，自己掌握了决定权，避免跟着别人的计划走。

劳伦与伊桑感情不顺虽说不是依恋风格造成的，但劳伦一定得问，才能知道真正的原因。如果伊桑的举动是由于依恋风格造成的，那么有效沟通也能把问题揭露出来，让他们两个人尽早知道彼此不合适。

如果劳伦没有注意沟通方式，不分青红皂白地指责伊桑态度暧昧，让他尴尬下不了台，却发现他避免身体接触，不是因为依恋风格，也不是因为性取向不确定，而只是由于内向害羞，结果会怎么样呢？有一个人，她就经历了这种情况。

这个人就是蒂娜。她经历的情况和劳伦非常类似。她与塞尔日已经约会 3 次，这一次是在一起看电影，而塞尔日一直很拘束。她以前也有过迟疑等待，知道迟疑不会有结果，也不愿意浪费时间偷偷地分析塞尔日为什么拘束。于是，她对塞尔日妩媚一笑，轻声问道："你可以吻我一下吗？"塞尔日一时没反应过来，然而还是鼓起勇气，侧身吻了她。在后来的日子里，塞尔日渐渐克服了害羞这个障碍，3 年后的今天，他们的感情依然很稳定。

在这种情况下，俏皮地向恋人索一个吻，就是很好的有效沟通。蒂娜表达了自己的需要，虽然有那么一瞬间比较尴尬，但由于她的直截了当，她和塞尔日的感情迈出了重要的一步，把两个人的身心距离都拉近了。即使塞尔日当时没反应过来，蒂娜的举动还是有作用的。面对有效沟通，人们的反应往往透露出其真实想法。如果恋人的态度不明，你可以像劳伦一样，避免走进没有结局的感情，也可以像蒂娜和塞尔日一样，使恋情有所进展。

每一个人的依恋风格不同，对亲密感的需要不同，所以需要有效沟通，才能互相了解。我们的需要没有对错之分。焦虑型非常需要亲密感，需要时时刻刻感到恋人的爱和尊重。回避型需要保持感情距离，需要保持自己的独立。这些迥然不同的需要本身都没有对错。只是为了感情的幸福，我们需要一种比较好的沟通方法，以不责难对方为前提，有效地表达各自的需要。

表白你的心，你也会看到 TA 的真心

恋人之间的有效沟通，主要有以下 2 个目标。

第一，选择合适的恋人。有效沟通是分辨一个人是否适合成为恋人

最快最直接的办法。与一个人进行5分钟的有效沟通，比盲目交往几个月更能了解一个人。如果他真想了解你心里需要什么，在意你的看法，你们两个人才可能有未来。如果对方不听你的话，不愿意了解你内心的担忧，认为微不足道，让你感觉自己说的话很愚蠢，或者太敏感，你就可以判断此人并不真心在乎你，你们俩很可能不合适。

第二，让恋人明白你眼下的需要和长期需要，他才能更好地满足你。不要让恋人猜你的心里在想什么。

有效沟通的好处在于，它能让你把自己的弱点转化成强项，让你转守为攻。如果你非常需要安全感，需要恋人常常告诉你他爱你，那么不要因为别人认为你依赖感太强而隐藏这种需要。合适地表达自己的需要，不会让你处在弱势，反而可以让你很自信。你的表达不会激怒新交往的恋人，也不会让对方感觉受到指责，你只是表白自己的内心，也给对方一个袒露心迹的机会。

有效沟通的另一个好处是它让你成为恋人的榜样。你为恋情定了基调，让你们两个人都可以开诚布公，把互相关爱当成彼此神圣的职责。恋人看到你的坦诚，也会向你学习，和你坦诚相见。我们在第8节讲过，有效沟通能改善两人感情，什么时候开始都不晚。安全型人士每天都进行有效沟通，不管是对恋人、孩子、同事，他们都把这种交流技巧发挥得很好。有了这种沟通技巧，相信你待人处事的风格会有彻底转变。

但即使开始尝试着有效沟通，你也没有办法一瞬间解决问题，或者马上消除你和恋人之间的分歧。但你可以通过恋人的反应来判断你在他心里的分量。

- 他想知道你心里的担忧吗？
- 他直接回答你提出的问题吗？还是回避你的提问？
- 他认真地看待你担心的问题吗？他是否贬低你，让你感觉自己不该问那样的问题？

- 他是想办法让你感觉好一些，还是为自己辩解？
- 他是干巴巴地回答问题，还是同时考虑你的感受？

如果你的恋人真心在乎你的幸福和安全感，对你担心的问题有问必答，你就可以给感情开绿灯，继续和他交往。反之，如果他回避重要的提问，一味地自我辩解，责怪你的问题愚蠢、依赖感太强，你就应该明白，你们之间的感情已经亮起红灯。

给焦虑型人士：大胆说出来，才知道合不合适

有效沟通看起来很容易，可大家都能轻而易举地做到吗？不错，只要是安全型依恋风格的人都能轻易做到。然而，非安全型依恋风格的人往往不能清楚地表达自己。他们心中充满着各种情绪，无处发泄，往往会突然爆发。研究表明，安全型人士不会表现那么强烈，不会轻易被情绪冲昏头脑，能够平静地表达自己的感受，顾及恋人的需要。安全型人士有自信，知道自己值得恋人去爱。他们的头脑不会被负面思想占据，总能心平气和地自我表达。他们的平静也会感染恋人，使恋人心平气和。

加州大学圣芭芭拉分校的南希・柯林斯（Nancy Collins）和南加州大学的斯蒂芬・里德（Stephen Read）共同发现，具有安全型依恋风格的人通常善于诱导别人敞开心扉，畅谈心中所想，从而起着沟通导师的作用。然而，如果你不是安全型，你的沟通方式会有哪些问题？

如果你是焦虑型人士，一旦发现感情出了问题，你容易很快被负面情绪打败，思想走向极端。和安全型人士不同，你认为恋人不会正面回应你，而是会逃避你。

在你眼中，感情非常脆弱，随时都可能破碎。由于有这样负面的想法，你很难有效表达自我的需要。你和恋人沟通的时候，经常怒气冲冲，态度苛责，色厉内荏。你的初衷是为了恋人和你好好说话，结果事与愿

违，恋人被你的表达方式吓到了。正如柯林斯和里德发现的那样，焦虑型女性的恋人往往更少表达自己的心情，沟通更少。

焦虑型人士沟通不当的结果是令恋人更加疏远，这和有效沟通的结果相反。

由于失望，你会更倾向于采取防御行为，通过胡闹的方式表现对亲密感和安慰的需求，结果永远失去亲近恋人的机会。沟通方式不得当，恋人不理会你，你却无从知道他究竟是不在乎你，还是被你吓到了。

比如，你担心恋人有外遇，所以不停打电话给他。他受不了太多电话，要和你分手。这样一来，你就无法知道到底是什么造成了他的不快，是你的行为，还是他认为你们不合适。你最初的疑问，即他在不在乎你、愿不愿意倾听你的心声、能不能给你安全感，也都没有答案。

这种不恰当的沟通方式对你毫无裨益，因此我们建议你不要采取防御行为，而是勇敢一点，别怕受到伤害，用有效沟通的办法和恋人沟通。坦诚地说，我们认识的每一个学会有效沟通的人，无不对它的效果赞不绝口。

她为何不邀请我和她朋友一起过节

莫妮克和格雷格已经交往了几个月。眼看美国独立日就要到了，为了欢度节日，莫妮克约了一群朋友，却没有请格雷格一起过节，至少目前还没有。

随着节日越来越近，格雷格感觉越来越不安。他不明白莫妮克是什么意思。莫妮克不请他一起过节，是不是因为只是把他当成生命中的过客？还是因为她看不上他，不想把他介绍给朋友？格雷格不想让自己看起来过分依赖她，所以没有直接问莫妮克原因。他委婉地说：“我还没想好怎么过节。有几个朋友请我，但是我还没决定接受谁的邀请。”

其实，并没有人邀请他，只是他不想让莫妮克感觉他在等她来请。他的言外之意，莫妮克并没有领会。他断定莫妮克既然还不请他，就是明显不想和他一起过节。他越想越生气，决定重新考虑莫妮克是不是适合自己。

格雷格是焦虑型依恋风格，不是天生就会有效沟通。他更习惯采取防御行为，自己生闷气。如果他采取有效沟通，结果会大不一样。幸运的是，他最终决定不再跟着感觉走，而是尝试一下有效沟通。他直接问莫妮克说：“我想和你一起过节。你是想和我还有我的朋友一起庆祝呢，还是我去你那边？”莫妮克回答道：“没有邀请你一起过节，是因为我感觉你不会喜欢和我的一帮高中同学一起胡闹，不过既然你感兴趣，当然很欢迎你也来。”

你看，只需要简单地问一句，格雷格就得到了想要的答案。更加重要的是，有了这次成功交流的先例，两个人以后都能更加坦诚地沟通。

一般情况下，在有效沟通之后，恋人会向你袒露心迹，告诉你他的心意，使你紧张的神经放松下来。即使你没有得到想要的答案，宁愿委屈自己也要和对方待在一起，这也是你心甘情愿的选择。在感情生活中，采取有效沟通，你永远都不会后悔。最终你会明白，有效沟通对你最为有利。它要么能帮你尽早分辨出谁适合成为你的恋人，要么能加深现有的感情。

假设上面事情朝相反的方向发展，莫妮克不答应格雷格和她一起过节，拒绝他的请求，结果会怎么样？答案是，**只要你采用有效沟通，不管结局怎么样，你都是最后的赢家。**如果莫妮克无视他的请求，快速地转换话题，他就能很快知道两人的感情有问题。他可以根据事实判断，而不是独自瞎猜，担心两人的感情亮起红灯，凭空地怀疑莫妮克不在乎他。当然，并不是说莫妮克不答应一起过节，他就要立刻离开她，而是说这件事是个提醒。有两三次这种情况之后，格雷格就真的该考虑换个女友了。

下面还有两个例子，可以充分说明不加掩饰地表明自己的需要是多么有效的沟通方法。

他表现冷淡，不一定是因为你没有魅力

在一个阳光灿烂的周六上午，布拉里打算请恋人史蒂夫一起去布鲁克林大桥散步。她打电话给史蒂夫，史蒂夫说他在洗衣服，洗完了再打给她。看到布拉里心神不宁，她的朋友让她再打一个电话，让史蒂夫散步之后再洗衣服，毕竟那天天气晴朗，春色迷人。布拉里犹犹豫豫地打了电话。结果，史蒂夫不仅坚持要洗衣服，还表示那一整天都不想出门。布拉里非常失落，很生气自己听了朋友的话，给他打电话。她感觉，自己表现得太心急，以至于把史蒂夫吓跑了。

好几个月之后，另一个也认识史蒂夫的朋友告诉她，史蒂夫那时刚刚离婚，还没有走出阴影，实际上一点都不想谈恋爱。布拉里这才意识到，那天早晨打两次电话是正确的。以前，她责怪让她打电话的朋友，以为史蒂夫是因为她打了电话才不喜欢她。现在，她意识到那位朋友教了她重要的一课。在感情中，一定要充分表达自己的需要。只有这样才能把握自己的感情，不必再暗自担心。虽然她和史蒂夫的关系没有进展，但她知道自己已经尽力了。她还逐渐发现，有时候男人表现得冷淡，往往只是由于心境使然，与她是否有魅力无关。

豁出去了，终于遇见对的人

许多年来，耶娜由于不愿意显得过于主动，而不敢向交往对象说自己多么渴望结婚生小孩。然而，到了40岁，她不能再耽搁下去了，所以她决定第一次约会的时候，就把自己的想法告诉对方，说自己想当妈妈，而且只想和真正渴望结婚的男人交往。毫不意外，她的话吓走了许多男人，然而，为了尽早成家生子，她不在乎这一点。

最后，她遇到了纳特，一个和她一样渴望成家的人。看到耶娜想什么就说什么，他感觉很新奇，也很轻松。今天，他和耶娜婚姻幸福，有两个孩子。这是耶娜当初进行有效的沟通获得的。

对于焦虑型人士来说，学习有效沟通看起来困难重重，而且结果不能预测。然而，就像耶娜和希拉里一样，你也可以通过有效沟通，找到幸福的归宿。

给回避型人士：及时安抚恋人，走出感情困境

有效沟通能最有效地拉近两个人的心，促进恋人互相了解。这乍一看不符合回避型人士的风格，实际上却对他们也有好处。作为回避型人士，你经常感觉需要有自己的空间，需要安静，却不明白其中的原因。当你有这种感觉的时候，你可能以为是自己的爱情冷淡了，不能继续下去了。你认为，既然对方不是理想中的恋人，为什么还要继续互相折磨呢？你发现自己恋爱一次又一次，可每次的情况都差不多。因此，作为回避型人士，你首先要承认自己需要个人空间，包括心理空间和身体空间，然后有效地把你的需要和恋人沟通。你可以事先向恋人解释，你需要一些独处的时间，这不是因为对他感情不够，而是因为你有这种需要，

不管和谁谈恋爱都这样。提前解释应该能安抚恋人的情绪，让他不至于紧张地跟在你身后，让你感到压力重重。这样，你才有可能避免和恋人遭遇更大的感情困境。最近发生在安德烈斯身上的一件事很好地说明了这一点。

丈夫重病不愿诊治，妻子发愁干着急

安德烈斯是回避型依恋风格，而他的妻子莫妮卡是焦虑型依恋风格，他们已经结婚25年了。这一年，安德烈斯发现自己罹患了一种慢性自体免疫疾病。医生告诉他，这种病基本上无药可治，然而由于安德烈斯年龄比较大，他的寿命不会受到很大影响。开始的时候，安德烈斯无法接受，不过慢慢地就忘记了这件事，继续过自己的日子。

安德烈斯不在意生病的事，可他的妻子却放不下心。她认为不能听任疾病发展，好几次想催促他去另一个医生那里检查，再去网络上仔细搜索这种疾病到底是怎么回事。一般情况下，安德烈斯不理会她这些唠叨，对她提出的外行建议置之不理，可是有时候实在感到恼火，两个人就激烈争吵起来。

忍了几个月之后，他对莫妮卡说出自己的心里话。他理解妻子担心他，然而她的担心于事无补，还强迫他天天想着生病这件事。他对她说，自己相信医生的话，认为没必要瞎忙。他感觉莫妮卡的做法不仅无助于改善他的健康，还伤害了两人的感情。听完这些话，莫妮卡意识到自己的行为确实对丈夫毫无帮助。她虽然很担心，却不应该把自己想做的事情强加给他。她应该尊重丈夫的意愿，支持丈夫的决定。在丈夫和她沟通之后，莫妮卡能够对自己的焦虑稍加控制，使夫妻之间的冲突大大减少。

什么时候需要进行有效沟通

什么时候该进行有效沟通？答案是："时时刻刻都需要有效沟通。"有人会问："那么我是不是一感觉不对，就要说出来呢？我是焦虑型的，是不是要向恋人表达心里的每一点不安和疑虑呢？我心里的疑虑真是太多了。"

通常情况是，如果在焦虑初露苗头的时候，就有效表达出来，消解疑虑，你的心态和行为都会发生积极改变。如果你不表达，只会感觉越来越焦虑，越来越害怕。

在你完全掌握有效沟通技巧之前，我们建议你遵照下列原则采取有效沟通：

- 如果你是焦虑型——在你感觉想要采取防御行为之前，先采用有效沟通。当恋人说了什么话，或者做了什么事，让你感到坐立不安，想用诸如拒接他的电话、发出分手威胁，或者其他各种防御行为来发泄的时候，你要控制自己，想一想你真正需要的是什么，通过有效沟通向他表达。许多焦虑型人士需要一两天才能从疑虑不安中走出来，如果采取有效沟通，就能更快获得心里的平静。
- 如果你是回避型——当你感觉忍无可忍，要关闭心灵的大门时，就一定要采取有效沟通了。用有效的沟通，向恋人解释你需要一些个人空间，而且愿意在不伤害他的前提下，给自己一些独处的时间。提出几个解决办法供恋人选择，不要忽略他的心理需要。只有这样做，你才更有可能获得喘息的空间。

做错了事，也可以通过有效沟通补救吗？答案是可以！

某周六，拉里收到一封工作上的邮件，感到心烦意乱。不巧的是，与他交往 7 年的恋人希娜那天正好要出去拜访朋友。看着她收拾东西准备出门的时候，拉里突然发火了，质问她说："你又要出去？才到家就要走！周末你从不好好在家里待着！"话刚说出口，拉里就意识到自己错了，他实在是无理取闹。这番话让希娜惊得目瞪口呆。其实，他早就知道希娜的外出计划。希娜说过，只要他想让她在家待着，她就不出去。

屋里的气氛瞬间很凝重，两个人都一言不发。沉默一阵子之后，拉里才意识到自己为什么突然发火。他因为公司的邮件感到心烦，想让希娜陪陪他，然而他又不太好突然让希娜取消她的计划，特意留在家里，这样显得很莫名其妙。

于是，他下意识地采取了防御行为，为了留住她而和她争吵起来。他明白过来之后，就向希娜道歉解释，说出自己的真实需要。听到拉里的真心话，希娜也就不再生气。她愿意在家陪他，可是他已经感到心满意足，就坚持让她去做自己的事了。

拉里的故事说明，即使错误地采取了防御行为，只要及时通过有效沟通补救，通情达理的恋人总会理解你，使紧张的气氛缓和下来。

制定你自己的恋爱沟通法则

有效沟通的原则正如有效沟通本身一样，要求直截了当：

要坦诚。有效沟通要求你保持坦诚，真实地诉说自己的感受。在感情方面要勇敢表达！

表达的时候，把重点放在你的需要上。这样做是为了让恋人明白你需要什么。在表达需要的时候，也要考虑到恋人的感受。如果你的表达伤害了对方，最终结果是自己也会受伤，因为你们的感情是相通的。在表达需要的时候，尽量使用"需要""希望"这样的词，让你的表达以自己的需要为重点，而不是把重点放在揭恋人的短上。例如，你可以这样表达：

- 我需要确信咱们的感情没有问题。你和女服务员眉来眼去的时候，我感觉很难受。
- 你在朋友面前反驳我，让我感觉自己很没有价值。我需要感到你尊重我的观点。
- 我希望自己可以信任你。你总是和朋友一起去泡吧，我很担心你会看上别人。

表达要具体。如果你笼统地表达，恋人就没办法了解你到底需要什么，还可能错误地理解你的意思。你应该把烦心事具体准确地表达好例如：

- 你彻夜不归……
- 你那天没有联系我……
- 你说爱我，却做了什么事……

不要指责恋人。永远不要使用语言暴力，指责恋人自私或无能。有效沟通意味着不要只看别人的缺点。指责恋人没有任何好处，只会使分歧演变成两个人之间的战争。谈话一定要找两个人都心平气和的时间。你如果在感到必须发泄的时候才和恋人交流，就很难进行有效沟通，结果很可能是怒气冲冲地互相指责。

自信地表达，不要拘谨。你的感情需要合情合理，这种需要没有错。也许恋人的依恋风格与你不一样，不能理解你的感情需要。但是为了你的幸福，你必须让感情需要得到满足。真实表达这些需要，是有效沟通的关键。如果你是焦虑型依恋风格，就尤其要记住，你有权利表达自己的感情需要。流行文化让你压抑自己的需要，鼓励你保持独立，这实际上是不对的，只会让你越来越感到孤独和焦虑。感情需要得到满足，才能真正地感到幸福。

恋爱的“米兰达规则”

1966年，美国最高法院规定，警察在逮捕犯罪嫌犯的时候，必须宣读“米兰达规则”，即告诉嫌犯他们所具有的权利：“你有权保持沉默。如果你不保持沉默，那么你所说的一切都能用来在法庭作为控告你的证据。你有权在受审时请律师在一旁咨询。如果你付不起律师费，法庭会为你指派一名律师。你是否完全了解你的上述权利？”

我们的一位同事迪亚娜开玩笑地说，有些男人在谈恋爱的时候，也会事先宣读他们的“米兰达规则”。这些男人会告诉他们的恋人，不要对恋爱期望太高。他们总会说“我还不想安定下来”，言下之意就是：“要是你失望了，别怪我没告诉你。”就像审查嫌犯的警察受到法律保护，这些男人事先说明自己不负责任，好像就可以免去情感责任一样。

通过依恋原则，你可以制定安全型版本的恋爱米兰达规则。和上面的回避型版本不同，你的版本要突出自己的爱情观。当两个人坠入爱河，他们就把各自的灵魂交给恋人保管，两个人都有责任保护对方，以对方的利益为重。

在恋情开始的时候，就把安全型的恋爱原则传达给恋人，让感情有个美好稳定的开端吧！记住以下的原则：一定要坦诚。坦诚的表达能让你知道对方真实的反应。给自己和恋人一个机会，一起为了稳定的安全型恋情努力。

亲爱的，咱们好好沟通一下吧

第一步：写下想对恋人说的话

在你还不熟悉有效沟通技巧时，最好先把自己要说的话写下来。心情激动的时候，你最好先冷静下来，别听损友的话。他们可能会让你采取不恰当的方法，比如做一件让恋人吃醋的事。这样的建议不能听。如果可能，你可以请一位了解你的好朋友，或者一位安全型朋友帮你组织语言。写完之后，反复读几遍，看看自己怎么说舒服。把想说的话写下来，你就不用害怕冷场或者“忘词”，还有助于你自信地面对恋人。慢慢地，你就能掌握有效沟通的技巧，感受到它的好处，让它成为你的第二天性。

亲爱的，我想对你说：

____

____

第二步：回答下面的问题，确定第一次沟通的主题

我为什么感觉缺乏安全感？我为什么感觉透不过气？恋人的哪一个具体行为使我有这种感觉（在回答这个问题的时候，可以参考第9节的情感清点清单）？

1. ____

2. ____

恋人怎么做，我才能感觉有更多安全感？或感觉到被爱？

1. ____

2. ____

在上面所有写下来的事项里，我最想谈哪一件事？

____

这个问题的答案就是你第一次有效沟通的主题。现在，围绕着这个答案，写一张简短的纸条，写的时候心里想着有效沟通的五条原则。

我的纸条：

____

____

下表有一些例子。你可以观察到，低效率沟通不能准确传达你的意思，而有效沟通能把你的意思清晰明确地传达到位。如果你采取低效率沟通方式，即采取防御行为或压抑策略，恋人会感觉一头雾水，最终你也不知道恋人的真实想法。

如果你采取有效沟通，那么你不仅能弄明白自己内心的想法，还能更理解恋人的想法。

低效率沟通与有效沟通

事件起因	低效率沟通	有效沟通
他工作很忙，几乎没时间见你。	一天打几次电话，问他想不想你。	告诉他，你想念他。虽然也理解他现在忙碌只是暂时的，但是要适应真需要很大毅力。
你说话的时候，她不认真聆听，你感觉她不在乎你，不理解你。	正说着话，你突然站起来走人，心里想着她会跟上来，向你道歉。	告诉她，你需要听她的意见。对她说你最重视的就是她的意见，想知道她是怎么想的。
他念叨前任女友，让你感觉缺乏安全感。	对他说念叨前任女友真没出息。 念叨自己的前任男友，让他尝尝难受的滋味。	实话实说。他这样念叨前女友，让你感觉不确定你在他心里的位置，你需要安全感，才会感到幸福。
他总是突然打电话临时约你。	你一接他的电话，就说自己很忙，心想他应该学会提前给你打电话。	告诉他，这样突然的邀请让人难以安排时间。哪怕只有一个大概的计划，也比临时约会好一些。

（续表）

她常常不接电话，回电话也不及时。	默默忍受。	告诉她，你一直都及时给她电话，如果她也能这样对你，就太好了。
他几天不给你打电话，你担心他想分手。	终于接到他的电话，为了惩罚他几天来的不理不睬，你说自己很忙。	告诉他，他几天不露面，伤了你的心。你希望他把你放在心里，重视你的感受。

有一点需要提醒你的是，即使采取了有效沟通，也不见得能立马解决问题。重要的不是立竿见影的结果，而是恋人的回应。通过有效沟通，你会清楚他是否在意你的感受，关心你的想法，并且愿意积极地改变。

第 12 节

化干戈为玉帛，让爱吵不散

Working Things Out: Five Secure Principles for Dealing with Conflict

吵架也能拉近距离　　看什么电视节目　　吃中国菜还是印度菜

吵架时也要考虑 TA 的喜好　　敏感问题也不能逃避　　安全环保的“吵架公约”

“越吵越亲密”的艺术

关于吵架，人们有一个常见的误解，就是以为模范恋人应该从不吵架。大家认为，如果两个人合适，就会在每一件事情上都有一致意见，几乎永远不会发生争执。另外一些时候，人们认为，一对恋人一旦吵架，就证明两个人不适合在一起，或者两个人感情触礁了。这些看法放在依恋理论的显微镜下看，都是不准确的。事实上，包括安全型在内的所有的恋人和夫妻，都有吵架的时候。决定两个人感情幸福与否的因素，不是吵架不吵架，而是两个人为什么吵架，怎么吵架。依恋研究发现，吵架看起来是件坏事，实际上能够拉近恋人的距离，使他们感情更加深厚。

恋人之间的吵架有不同的种类，一种是因为生活琐事而吵，另一种是由于依恋风格不合引起的。在第 8 节，我们了解了第二种吵架。两个人即使想解决问题，在没有指导的情况下，也很难找到方法。我们也看到，因依恋风格引起的冲突蔓延到生活的各个方面，通常的结果是总有一方不断妥协。然而，由于生活琐事引发的吵架不涉及依恋风格，通常不会具有那样的破坏力。

两个人在一起生活，因为性格、兴趣不同，难以避免地会有些摩擦。比如看什么电视节目、空调开到几度、吃中国菜还是印度菜。这种由生活琐事引发的争执都是良性的，因为它们让你和另一个人互补，在一起彼此包容地生活。我们知道，独居的孤独感难以忍受，而孤独的囚禁是对一个人最残酷的惩罚。因为人类是社会动物，习惯生活在人际关系之中。虽然顾虑别人的想法有时可能会带来不便，但我们还是喜欢有人交流，以保持头脑清醒，获得新鲜的生命力。

当别人的喜好和自己的喜好不一致的时候，要考虑别人的喜好，这件事说起来容易做起来难。有趣的是，安全型人士天生就知道怎么协调别人和自己之间的分歧。吵架的时候，他们是缓冲剂，把严重的事态变得缓和起来。如果你遇到这么一个人，在吵架的时候，他还关心你的想法，愿意考虑你的喜好，这个人很有可能就是安全型的。对于一些天生不是安全型，也没有这种天赋的人来说，怎么才能像安全型人士那样妥善解决冲突呢？

事实上，如果我们仔细观察的话，就能看见安全型人士的天赋技巧背后有一套方法。那不是什么神秘的技巧，而是可以学习的行为方式。成人依恋研究屡次证明，依恋风格是可塑的，而且学习恋爱技巧永远都不会太晚。

学习安全型恋人的“吵架公约”

在安全型人士和恋人发生争吵的时候，他们会遵循五条原则。让我们一起来看看这些原则分别是什么。

关心恋人的需要

弗兰克喜欢亲近大自然，经常去父母遗赠给他的伯克希尔丘陵（位于美国马萨诸塞州和康涅狄格州西部地区的旅行胜地。——译者注）避暑别墅。他的恋人桑迪则不喜欢这些。她嫌收拾行李麻烦，觉得长途旅行劳顿不堪。对她来说，去户外旅行麻烦大于享受。为此，他们大吵了几架，最后终于意识到，双方各持己见，不肯让步，只会互相伤害，让两人都不愉快。为了解决怎么度过闲暇时光的分歧，他们找到了一个折中的办法。当桑迪感到弗兰克过腻了城市生活的时候，会主动提出去野外探险；而当弗兰克感到桑迪由于旅行感觉疲惫的时候，他们就回到城里生活一段时间。在城里的时候，弗兰克会自己安排少许户外活动，让自己神清气爽。虽然他们有时候还会有小摩擦，但是两个人都能接受它，尽最大努力关心对方的需要。

弗兰克和桑迪明白：**感情幸福的基本前提是知道恋人的需要和自己的需要同等重要。**忽视恋人的需要，也会使自己情绪低落，感到不满，甚至有损身体健康。我们一般认为吵架一定要分出胜负来，不是你说了算，就是我说了算。但是依恋理论告诉我们，我们的幸福离不开恋人的幸福，反过来也是一样，因为两个人是无法分割的整体。弗兰克和桑迪虽然有不同的需要，但他们不断互相协调，让两个人都满意，而且知道互相关怀、满足彼此的需要。从成人依恋的视角来看，他们在互相协调之中，找到了巨大的幸福。

关注眼前的问题

回忆往事，凯丽说道："那时我和乔治刚开始交往。有一天，我们到了他家楼下，他却不请我进去。他说家里在装修，有点乱，不想让我看见。我很怀疑，他的借口也太站不住脚了。我不由自主地想象他浴室里有一把女人的牙刷，床上还有女人的内衣。我责怪他有事瞒着我，我们那天不欢而散。"

"第二天，乔治请我去他家看看。他手忙脚乱地请我上楼，一到他家门口，他就打开门，挥着手臂请我进去，嘴里说着'欢迎光临！'他家确实是一团乱糟糟。我们看着彼此，不禁笑出声来，坏情绪一扫而光。"

乔治能改变不愉快的局势，因为他是安全型依恋风格。他处理矛盾的方式看起来轻松自然，可是如果仔细分析，我们会发现不是每个人都能做到像他那样。为了解决矛盾，乔治关注的是眼前的问题，即昨天的误会。凯丽则不然，她是焦虑型依恋风格，从一件小事想到不可能的事情，进而责怪乔治隐瞒。她采取了不恰当的防御行为，幸亏乔治领会到她真正担心的问题，才挽救了两个人的感情。他的行为正好验证了最近的一项研究结论。

伊利诺伊州立大学依恋实验室主任加里·克里西（Garry Creasy）对依恋理论和冲突解决的关系有浓厚的研究兴趣，他和同校心理学院的马修·赫松·麦金尼斯（Matthew Hesson-McInnis）一致发现，安全型人士更善于领会恋人的心思，更善于解决眼前的问题。比如说，乔治看出了凯丽缺乏安全感，就迅速有效地给予满足，避免了进一步的误会和冲突。他能够与恋人建立有安全感的关系，对两个人都有好处。凯丽感到了他的关心，而他知道了凯丽能够接纳他家乱糟糟的样子。当一方愿意解决眼前的具体问题，恋人就会感觉自己是被重视的，这使两人感情更加亲密。

安全型人士虽然拥有天赋的解决冲突能力，但有时也会表现失常，发脾气，看不清恋人需要什么。下一个案例就能说明问题。

不要笼统地指责

特里和亚历克斯夫妇年届50，在一起争吵了30多年。最近他们之间又发生一次争吵。事情的缘由是特里让亚历克斯去购物，购物清单上详细地写着要买番茄酱、全麦面包、百味来牌意大利面。一两个小时后，亚历克斯回到家里，带着买回来的番茄酱、面包和意大利面，不过都不是特里要的牌子。特里很生气，说这些东西都不行，自己还得再去买一次。听到这些，亚历克斯大发雷霆，拿起这些东西，风一般地出门去退货。回来的时候，他带着特里要的牌子，不过一天的心情都被这次吵架毁掉了。

一起生活了30多年，他们彼此深爱，互相关怀，却没有好好反思为什么吵架。如果他们反思过，就会知道换一种方式交流会更好。特里天生十分关注细节，她自己不想关注都不行，而亚历克斯是个粗线条的人，不注重细节，为什么要让他承担他不擅长的任务呢？既然亚历克斯不关注细节，是不是意味着要让特里事事妥协？其实不然，还有一个更好的解决办法。亚历克斯在超市里面的时候，特里可以打电话提醒他。或者，她还可以网上订货，让亚历克斯去取。再者，可以让亚历克斯在家帮忙家务，特里去超市购物。他们必须得找到一条减少争吵的途径，并且坚持下去。

这对夫妻经常吵架，但没有严重破坏两个人的感情。因为他们都有一个突出的优点：不会把吵架原因扯到生活的其他方面，使事情失去控制。他们总是就事论事，不夸大事实。特里虽然气得提出自己去超市买东西，而且有时候确实说去就去了，她却从来不笼统地指责亚历克斯，从来不说“我真是受够你了”，或者“我和你没法过了”这样的话。

愿意和恋人交流

上面的三个案例有一个共同点：不管是平和地解决，还是通过吵架解决，安全型恋人都不会抬脚走人，而是留在恋人身边。在第二个案例中，乔治本能地经受住凯丽的攻击，理解她受伤的心情，并与她交流，最终改变了局势。如果他是回避型或者焦虑型，面对凯丽的敌意和沉默，很可能会关闭心门，让两人的距离更远、敌意更深。

在第一个案例中，弗兰克和桑迪原本都可以固执己见。桑迪可以说：“你自己想去哪里就去吧，我周末一定得待在城里”，拒绝继续交流。弗兰克也可以以牙还牙。如果这样，两个人僵持不下，就会不愉快地单独度过好几个星期。所幸刚开始的时候他们就愿意坐下来交流，他们最终能照顾到彼此的需要，找到两个人都可以接受的方案。

有效地沟通心理感受和需要

汤姆工作很忙，妻子丽贝卡在工作日几乎见不到他，因此常常感觉孤单。周六时，她一般会去看望住在附近的姐姐。汤姆几乎从不和她一起去，他喜欢留在家里，躺在沙发上放松，丽贝卡也从不要求他一起去。这一周，汤姆工作尤其繁忙，所以有点忽略了丽贝卡。到了周六，他虽然在家里休息，看起来还是若有所思，心不在焉。看到丈夫这个样子，丽贝卡让他一起去看望姐姐。汤姆已经很累，坚持说自己不想去。丽贝卡不乐意，一再催他起身。汤姆觉得妻子在给他施加压力，索性盯着电视，不搭理丽贝卡。最终，丽贝卡指责他太自私，一个人去了姐姐家。

丽贝卡的行为方式是典型的焦虑型。由于丈夫这周工作特别忙，她的依恋系统活动起来，感觉一定要接近丈夫。她最需要的就是感到汤姆在她身边，感到他在乎她、想念她。然而，她没有直接表达这些需要，不明说自己心里想的是什么，而是采取了防御行为，无端指责丈夫自私，想迫使丈夫一起去姐姐家。看到丽贝卡突然不讲理起来，汤姆感到迷惑不解。毕竟，他以前不和她一起去，她也没有这样偏执。

如果丽贝卡表达了自己的真实需要，简单地说出“我理解你不想去我姐姐家，可是这周我几乎没有见到你，希望你多陪我一会儿。要是你这一次能陪我去姐姐家，就太好了”，汤姆的回应可能有很大的不同。

有效地表达情感需要，直接告诉恋人，甚至比恋人会读心术还要好。在交流中，你可以拥有一定主动权，让情感交流更深刻。丽贝卡表达自己的想法之后，即便汤姆还是不愿意去她姐姐家，也会考虑丽贝卡的感受，找另一种方法让她放宽心。也许他会说：“如果你真那么想让我去，那我就去。但我也需要放松。不如晚上我们两个人单独出去散散步？你感觉怎么样？其实，你不一定非得让我去看望你姐姐，对不对？我会打扰你们说知心话的。”

说到解决冲突之道，它不只是弄清楚谁得罪了谁，甚至也不只是有效沟通。有时候，了解一点点有关恋爱的基础生物学，就能够帮助你防止冲突。有一种神经肽叫催产素，近几年来媒体频繁提到这种激素。在恋爱和生活的许多方面，它都扮演着重要的角色。它能加快女性分娩，促进人与人之间的感情，增加人际信任与合作，有助于人融入社会。在经历性高潮的时候，甚至在拥抱的时候，我们体内的催产素水平都会提高，因此催产素也被称为“拥抱激素”。

催产素和解决冲突有什么关系呢？神经科学研究发现，压力大的时候，恋人之间的关系也会变得冷淡。因此，越是压力大，我们越应该重视和恋人的感情。如果和恋人感情出现危机，我们的催产素水平也会降低，影响我们的人际关系，使我们更容易和周围的人发生矛盾。

因此，在周日的早晨，不要吝惜时间，享受和恋人相拥的时光吧，工作的事情稍后再说。一个温暖的拥抱之后，催产素水平就会提高，让你未来许多天里感情都没有后顾之忧。

敏感问题，说还是不说

由于头脑中存在一些根深蒂固的想法，焦虑型和回避型人士都很难直接面对冲突。对于焦虑型人士来说，冲突会引发他们内心不安，让他们怀疑恋人的心意，害怕恋人变心。他们在争吵的时候，头脑里会浮现出许多消极的暗示。为了抓住恋人的注意力，他们会采取防御行为。他们会激烈地指责恋人，大哭大叫，或者一言不发。由于害怕恋人不关心他们，他们索性什么都不说，等着恋人来问。最后，他们往往采取极端激烈的行为，但收效甚微。

回避型人士也害怕恋人不支持他们，然而，他们应对潜意识中恐惧的办法和焦虑型人士截然相反。他们压抑自己对亲密感的需要，关闭心门，假装完全独立。冲突的性质越个人化，他们就越想逃避冲突。为了达到这一目的，他们采取抑制依恋系统的策略，比如挑剔或贬低恋人，让自己感觉与恋人有些距离。

加里·克里西与两名在校的博士生凯西·克肖和埃达·波士顿研究发现，不管是焦虑型人士，还是回避型人士，他们在面对冲突的时候，很少积极正面解决，反而态度冷淡，封闭自己，导致冲突升级。面对冲突的时候，这两种类型有一些相似之处：在潜意识里，他们都认为恋人不会支持他们，他们都很难有效表达需要，正是这两点因素，造成他们不善于正面解决冲突。

依恋你我

谈恋爱时有话不明说，各自猜测引起误会

雅姬和保罗已经交往1年多了，几乎每晚都在一起。然而，保罗有3个孩子，还从来没有让雅姬见过。雅姬的家人朋友知道这个情况后都表示担心，不确定他们的感情遇到了什么阻力。

雅姬曾经想解决这个问题，保罗却认为时机还没到。对他来说，让孩子们安静地生活是最重要的事情。每到周末，保罗就和孩子们在一起，不让雅姬参与。雅姬想见孩子们，心里却害怕提出这种要求会让保罗感到不快。即使在保罗说爱她、要和她一起买房共筑爱巢的时候，她还是不敢提出这个要求，也不回答这些爱意绵绵的情话。她心里想，如果他真的爱她，真心和她亲近，就应该让她融入他的生活，让她见孩子，分享生活的每个方面。

有一天，雅姬的父母去看望他们。一起吃饭的时候，保罗不停提起自己的3个孩子，对他们赞不绝口。吃过甜点后，雅姬的父亲请保罗一起去散散步。他对保罗说，孩子们听起来可爱极了，他希望雅姬能早点和他们见面，因为他和雅姬的母亲都希望两个人的关系更进一步。保罗信誓旦旦地说自己对这段感情是认真的。散步之后，他们都没有向雅姬提起两人的聊天内容。

接下来的一个星期，保罗沉默寡言，雅姬问他什么，他只回答“对”“不对”“不知道”。雅姬不明就里，问他到底怎么了，他这才勃然大怒，说她的父亲因为孩子问题批评了他，还有他不管怎么说爱她，她都一副冷冰冰不在乎的样子。她辩解说，既然他从不让她接近他生活中最重要的那一部分，她很难畅快地吐露自己的心意。这时候，保罗突然不愿意继续往下谈了。他站起来，收拾好自己的东西，说自己需要“一些空间”，就离开了。几个星期后，他又回到她身边，然而两个人还是不谈孩子问题，又回到原来没有进展的状态。

两个人都是典型的非安全型依恋风格，他们处理冲突的方式与安全型方法格格不入。由于不同的原因，双方都没有清楚地表达自己需要什么，而且都没有触及眼前的主要问题——要不要让雅姬见保罗的孩子。关于这件事情，保罗的态度很坚决。没到谈婚论嫁的地步，绝对不能打扰孩子的生活；而雅姬从没对他的情话有所表示，他怎么能让她见孩子们呢？然而，他却从来没有想过，他周末不和雅姬一起过，雅姬会有什么感受；他虽然说爱她，却没有想到在孩子问题上，也该考虑她的心情。在这个问题上，他表现出了回避型特点。他还认为，既然她不主动提出要见孩子，就是不在意孩子。这显示出他缺乏考虑。

另一方面，雅姬是焦虑型依恋风格。她害怕自己一旦提出见孩子的要求，他们的感情会受到影响，所以她克制自己不谈这件事。她在内心深处害怕保罗认为他们的关系“还没到见孩子的份上”。

保罗和雅姬的父亲谈话之后，心情愠怒却闭口不谈，也不符合安全型原则。更糟糕的是，当他们终于开口谈这件事的时候，他完全封闭自己，不愿意进行交流。他隐忍的时间太久，以至于雅姬问他的时候，他终于忍无可忍，突然间爆发。面对冲突的局面，雅姬也不具备安全型技巧，不懂得怎样挽回局势。她没有努力安抚他，使他平静下来，而是和他对立起来。由于是焦虑型，她认为保罗的话是对她的攻击，所以采取了自我防御的态度。他们双方都感觉受伤，却不明白到底发生了什么事，也不明白对方是怎么想的。

为了防止恋人之间发生冲突，有一个重要的原则是不要逃避敏感事情，比如见恋人的孩子这种事。即使没有人提起这件事，也要在心里明白它的重要性。即使找不到立竿见影的解决方法，至少双方可以听听彼此的看法，不要隐瞒心中的不满，免得以后控制不住爆发出来。忽视敏感问题不会使它自动得到解决，只有提出来，才有解决的可能性。

关于吵架，你需要知道的那点事

如果总是缺乏安全感，一心扑在自己的需要和痛苦上，会为你带来许多麻烦。害怕别人不喜欢你、不想和你接近，这些担忧都可以理解。然而，在面临冲突时，它们只会迷惑你，使你做出错误的行为。为了化解冲突，你必须记住下面的事实：

- 一次吵架不意味着分手。
- 把心里的担忧说出来，不要让它控制你的行为。如果你害怕和恋人分手，就直接说出来。
- 恋人不开心，你不要认为一定是你造成的。他的坏心情很可能是由其他原因导致的。
- 相信恋人会在乎你的感受，你要做的是勇敢地表达出来。

- 不要想当然地认为恋人了解你的想法。你不说，他怎么知道。
- 不要想当然地认为你了解恋人的想法。不确定对方怎么想的时候，要问一问。

我们还要提醒你一句：吵架时，要尽量往好的方面想。如果听凭自己遵照缺乏安全感的本能，一味往坏的方面想，坏事就会成为现实。你如果假定恋人不在乎你，故意伤害你，就会和他对立起来，以致争吵升级；你如果强迫自己往好的方面想，哪怕只是半信半疑地遵守上面的几个原则，你的积极都会获得回报。在大多数情况下，只要往好的方面想，两个人的交流都能回到正轨。

总结一下，在和恋人吵架的时候，你应该避免以下习惯性行为：

- 偏离眼前问题。
- 不能明确而有效地表达自己的感受和需要。
- 对恋人进行人身攻击，贬损对方人格。
- 面对恋人的情绪，采取“以牙还牙”的策略，报之以更多敌意。
- 封闭自我。
- 忽视恋人的感受。

保罗和雅姬吵架是依恋风格不同造成的，而不是生活琐事。我们提到这一对恋人，是为了说明情侣在吵架的时候，往往很容易犯上面列举的每条错误。他们尽管彼此相爱，却偏离真实问题，犯了第一条错误。他们的真实问题是“让不让女方见孩子”，而不是保罗说的“你爸批评我总谈孩子”。

第二，他们并未有效表明各自的感受和需要。双方心中积攒了许多话，却都没说出来，尤其是雅姬。保罗虽说没让她见孩子，可也用其他方式表达了感情，她却封闭自我，没有反应，犯了第五条错误。在他们将要触及问题本质的时候，保罗却沉默一个星期，也犯了第五条错误。争吵爆发的时候，他们针锋相对，以牙还牙，犯了第四条错误。双方都只看见自己的需要，忘了恋人的感受，犯了最后一条错误。

冲突来了，谁是谁非你能分辨吗

要找到处理冲突的方法，第一步是学会分辨出哪些策略有助于缓解冲突。请你根据下面的案例分析这些恋人处理分歧的方法，判断他们使用的是安全型的策略，还是非安全型策略。如果你认为他们使用了非安全型策略，请你将他们应该采用的策略写下来。

当半年前马库斯报名参加前往巴西的旅行团时，他还是个单身汉，如今旅行团出发在即，可是现在，他却有了个女朋友达里娅。达里娅不想让马库斯独自参加单身旅行团，也不想去巴西旅游。她和马库斯谈这个问题的时候，马库斯说："我做什么事情，都得带着你吗？反正你不喜欢旅行，你干吗在意呢？再说我都付过钱了，你想让我眼睁睁看着3000美元打水漂吗？"

马库斯的反应是：

☐ 安全型的。

☐ 非安全型的。

马库斯采用的非安全型策略是：

____

____

马库斯可以采用的安全型策略是：

____

____

答案：马库斯——非安全型。马库斯采取了一系列非安全型策略。他避而不谈冲突的焦点问题，即达里娅担心他在"单身之旅"中遇见别

的女人，反过来指责达里娅，说“你想让我眼睁睁看着3000美元打水漂吗”“我做什么事情，都得带着你吗”，言外之意是责怪达里娅依赖感太强。不谈自己，只谈钱和达里娅的依赖感，这是一种避重就轻的做法。

马库斯可以采用的安全型策略是：集中精力解决核心问题。达里娅的担心不是没有道理，他一定得做出回应，否则这个疙瘩一直都解不开。

看到男朋友的激烈反应，达里娅妥协了。她向他道歉，说自己不该提起这件事。毕竟，那是他们相识之前就定好的计划。她批评自己不讲道理，对他要求太多，太依赖他。

达里娅的反应是：

□安全型的。

□非安全型的。

达里娅采用的非安全型策略是：

____

____

达里娅可以采用的安全型策略是：

____

____

答案：达里娅——非安全型。达里娅为什么道歉？她有什么错？他们都相识半年了，而马库斯竟然要去参加单身旅行团？她无论如何都有理由表示担心。然而，她却胆怯了，不敢谈这些忧虑。她担心自己一旦说出心里话，马库斯就会离开她。于是，她向他道歉，说自己不该提这件事，以挽回马库斯对她的感情。达里娅这样做，相当于签署了一份感情不平等条约，她的心理感受和需要将很难再得到重视。

达里娅可以采用的安全型策略是：说出自己的需要，告诉马库斯他参加单身旅行让她担心两人的未来。她表达之后，就要看马库斯怎么回应了。如果他继续贬损她，不顾她的感受，她就该仔细考虑要不要长期和这样一个人交往。

约翰在路上开车，妻子露特在旁边坐着。露特说女儿数学成绩不好，真令人担心，约翰只是点头作为回应。几分钟之后，露特生气了，问他说："你怎么不说话？她是我们的女儿，你一点都不关心吗？"听到自己被这样指责，约翰大吃一惊。沉默一两分钟之后，他回答说："我也很担心女儿的成绩，可是现在我要专心开车，不能分散注意力。"

约翰的反应是：

□ 安全型的。

□ 非安全型的。

约翰采用的非安全型策略是：

____

____

约翰可以采用的安全型策略是：

____

____

答案：约翰——安全型。安全型人士不是圣人！他们也有累的时候，也会失去耐心，也会像其他人一样感到迷茫。关键是他们处理冲突的方法。请注意，当受到露特指责的时候，约翰没有反击，也没有自我辩解。他关注了核心问题，直接地回答"我要专心开车"，还说"我也很担心女儿的成绩"，表示他完全理解妻子的担心。

约翰可以采用的安全型策略：约翰做得很好。他安抚了妻子，避免了事态升级。想象一下，如果他反击说："你真啰嗦！没看见我在开车吗？你难道想让我们出车祸吗？"结果会多么糟糕！幸运的是，他理解妻子，知道她的怨言是由于担心，并不是故意挑他毛病。他抓住了关键问题，让妻子知道在女儿的事情上，他和她一样关心。

史蒂夫和米娅已经交往了几个星期。一个星期五下午，他打电话给米娅，问她想不想跟他和他的一群朋友晚上去酒吧。米娅感到不快，因为史蒂夫每次约她，都连带约好些朋友，而她想和他单独约会。她半开玩笑地说："你是不是怕和我在一起？你知道，我不会咬人的。"在片刻尴尬的沉默后，史蒂夫说了一句"你要是想来，就给我打电话"，然后挂断了。

史蒂夫的反应是：

□ 安全型的。

□ 非安全型的。

史蒂夫采用的非安全型策略是：

____

____

史蒂夫可以采用的安全型策略是：

____

____

米娅的反应是：

□ 安全型的。

□ 非安全型的。

米娅采用的非安全型策略是：

____

____

米娅可以采用的安全型策略是：

____

答案：史蒂夫——非安全型。史蒂夫要么是想避免冲突，要么是想避免亲密的谈话，所以他封闭了自己的感情，不愿意继续交流。他也不考虑一下娅是怎么想的，就挂了电话。

他可以采取的安全型策略：看起来，史蒂夫对这段感情并不认真。否则，他不会每次约会都带着一群朋友。如果他是想认真交往，就会思考米娅提出的问题，问她那样说是什么意思。米娅的话听起来有点埋怨的意思，可是如果史蒂夫脑袋灵活，懂得安全型处理的方法，就会努力弄明白米娅在想什么，想方设法让他们的感情更加亲密。

答案：米娅——非安全型。米娅的表现也是非安全型的。她本来想说出自己的需要，听起来却像是抱怨。她没能有效表达自己的需要，只能暗自猜测自己的话有没有让史蒂夫感到不愉快。

米娅可以采取的安全型策略：米娅可以这样说："我想单独和你在一起，不想每次约会都和朋友一起。我们单独约会一次，怎么样？"米娅有效表达自己的需要之后，史蒂夫的反应就很重要了，能显示出他是否愿意聆听米娅的心声，满足她的需要。

埃玛和男朋友托德一起坐在路边咖啡店里小憩。埃玛发现，每次有漂亮女人走过去，托德都会盯着看一会儿。她说："我不喜欢你这个样子，真丢人。"

托德装作若无其事的样子问："你这话什么意思？"埃玛说："你知道我是什么意思。你盯着别的女人看。"托德说："太搞笑了！我不看女人看什么？我喜欢看女人。你看看，哪个男人不看美女？这没什么大不了。"

托德的反应是：

☐安全型的。

☐非安全型的。

托德采用的非安全型策略是：

____

____

托德可以采用的安全型策略是：

____

____

埃玛的反应是：

□安全型的。

□非安全型的。

埃玛采用的非安全型策略是：

____

____

埃玛可以采用的安全型策略是：

____

____

答案：托德——非安全型。托德盯着别的女人看，令埃玛感觉自己缺乏魅力，不被欣赏。对于埃玛的这层顾虑，托德不加理会。他不谈埃玛的感受，采取了逃避策略。一开始，他假装若无其事，装作不懂埃玛在说什么。后来又说看女人是男人本性，认为埃玛吹毛求疵。这是非常没有效率的沟通，什么问题都解决不了。她以后还会因为他看女人烦恼，而他会感觉自己没错，继续若无其事地看别的女人。

托德可以采取的安全型策略：关心埃玛的感受，向她承认自己的行为给她造成了不快。他还可以努力弄明白她为什么在意这件事。在找出核心问题之后，告诉埃玛他认为她很美。他可以请她在他下意识地瞄其他女人的时候，提醒他一下，努力改变这种行为。他可以说："对不起。这的确是个坏毛病，我知道这么做让你不开心，也是对你的不尊重。你不知道，别的男人看你的时候，我也会不高兴。我会学习着改正，要是我不小心又犯了，你就提醒我。”

答案：埃玛——安全型。她有效地表达了自己的需要。她直截了当地告诉托德他的行为给她的感受，同时尽量不武断地指责托德花心。埃玛做得很好。

丹和妻子香农外出度假，丹的妹妹来帮他们带孩子。他们回到家后，香农直接去卧室睡觉了，让丹和妹妹聊天。丹走进卧室的时候，有些生气。他说：“我妹妹来带孩子，帮了我们大忙。你回来至少应该和她打声招呼！”香农回答说：“我真的没和她打招呼吗？对不起，我不是有意的，我只是困得有些迷糊了。”

香农的反应是：

☐安全型的。

☐非安全型的。

香农采用的非安全型策略是：

____

____

香农可以采用的安全型策略是：

____

____

答案：香农——安全型。香农的回答能消减丹的怒气。她没有逃避问题，没有自我辩解，也没有反击。面对丹的怒气，她没有和他针锋相对。她抓住了核心问题，并且正面回应了这个问题。即使丹还有些生气，也不会失控，让冲突升级。她的做法告诉我们，安全型策略不难掌握。它不要求你拥有美妙的语言或深厚的心理学知识，有时候只要一个简短而真诚的道歉就足够了。

后 记

抛弃错误爱情观，找到真爱

读完这本书，我们最需要记住的就是爱情不能听天由命。人生绚丽多彩，充满各种美好的事物，爱情无疑是其中的明珠。某项调查发现，在300多名大学生里，有73%的人愿意为了爱情牺牲个人目标。遗憾的是，大多数人虽然对爱情万分珍视，却不了解恋爱关系背后的科学原理，常常被错误观念影响，错失一生幸福。

说来惭愧，即使是身为一个成人依恋学者的本书作者，有时也难免受到这些错误观念干扰。读完一个凄美的爱情故事，或者看过一部浪漫的爱情电影，错误的爱情观就会占据我们的大脑。比如最近，我们观看了一部口碑颇佳的爱情电影，讲的是一个小伙子遇见一位姑娘，她既聪明又漂亮。小伙子热烈地爱上了她，渴望和她共度余生。而她一开始就告诉他，她个性自由不羁，不喜欢被爱情束缚。她对他若即若离，和他说些情话拴着他的心，让他一直都心怀幻想。电影的最后结局是她跟另外一个男人结婚了，幸福地生活下去，留下他独自伤心。

我们的第一反应和普通观众一样，都是不由自主地爱上女主角，认为她是最完美的。她性格坚毅、热情奔放、独立自主，是个名副其实的自由精灵。她很诚实，和他开始交往的时候，就告诉他她暂时不想要稳定的感情。她这样做，我们也不认为她有什么错。毕竟，电影前面的剧情也暗示他不是她的真命天子。我们虽然期待他能赢得她的真爱，使她敞开心扉，希望在电影结局看到他们携手终生，可是电影安排了其他结局，我们也觉得那样合情合理，并为其悲剧特质心醉不已。

然而仔细一想，我们发觉这部电影传达了各种各样错误的爱情观。就连我们这些成人依恋关系研究专家，都深受它的蛊惑，任由那些陈旧爱情观攫住我们的思绪。由此可见，那些错误观念对人的影响有多深啊！

第一种错误观念：每个人都能享受亲密感。我们从小就相信，每个人都会深深爱上另一个人，这个说法或许还算是符合事实。然而，我们还认为，一旦坠入爱河，一个人就会彻底改头换面，变得像个新人，这就不一定了！我们错误地以为，一旦找到“梦中情人”，一个人就会充满爱意、忠贞不二、将爱情进行到底，不会遇到任何烦恼。我们忘记了一个事实，并非每个人都能同等地享受亲密感。有的人需要亲密感，有的人却需要独立和个人空间。当这样两个人遇到一起，注定会遭遇爱情悲剧。认识到这一点，大家才能找到和自己一样需要亲密感的人，不至于在情海中触礁。如果恋人不需要很多亲密感，那么理解这种不同就是改善感情的第一步。

第二种错误观念：婚姻能改变一个人。浪漫的爱情故事往往以婚姻为终点。我们往往也以为，婚姻是爱情伟大力量的证明，婚姻是情侣愿意相濡以沫共度一生的契约。我们不愿意承认有些人结婚时完全没想到这些，也不能做到和伴侣相守到老。我们相信一对恋人婚后会永远幸福，互相尊重，然而这就像电影一样，只是美好的憧憬而已。

本书中的许多案例证明，即使一对恋人深深相爱，只要他们的依恋风格互相冲突，婚后也会经历许多困难。如果你正在经历这样的困境，感觉生活不幸福，你不必认为是自己的错。读完这本书，弄清楚你们两人的依恋风格，你就能以新视角面对婚姻困境。

第三种错误观念：恋人不能给予我们幸福，幸福要靠自己争取。由于这个观念，即使恋人在交往伊始就告诉我们他们不想稳定，我们也接受；即使他们擅作主张，不考虑我们的需要，我们也妥协。奇怪的是，大家都认同这种观念，连朋友们都说“他都说了不想稳定”，或者“他说不能提这件事，你提起来是自找苦吃”。我们被盲目的爱情蒙蔽了双眼，看不见恋人的言行不一。恋人不在乎我们的感情需要，我们也认为他们本来就没有这个义务，接受他们的疏忽带给我们的一切伤害。我们不能这样下去，而是要不断提醒自己：在真正的爱情里，两个人的幸福是休戚相关的，恋人应当以彼此的幸福为己任，互相体贴爱护。

摆脱上述三种错误观念之后，这部爱情电影真实内涵便显露无遗。故事的开头和结束都平淡无奇，没有神秘性可言；这不是一个男追女的爱情故事，而是焦虑型遇见回避型的故事。

他一直追求亲密感，她却一直逃避。从一开始，他们的感情就笼罩着必然失败的阴影，只是男主角被蒙在鼓里。即使女主角最后结了婚，也改变不了她是回避型依恋风格的事实，也不能说明她和丈夫会幸福地生活在一起。她结婚之后很有可能会依然故我，和丈夫在多方面保持距离，而男主角将成为她在梦里追忆的“幻影前任”。

这部电影让我们意识到，我们习惯了把错误的爱情观念当作真理，它们给我们的生活造成许多困扰，要挣脱它们也非常困难。无论如何，我们都要抛弃这些错误观念，如果固守这些观念，会使我们的生活更加黯然失色。由于它们的影响，我们忽视了自己的基本需要，否认自己的价值，自信心受挫，难以获得幸福。所以，一定要把这些观念纠正过来。

我们相信，每个人都有权享有甜蜜稳定的爱情。有恋人作为安全基地和情感的港湾，我们就有力量和勇气闯荡世界，实现自我价值。我们将和恋人互相扶持，互相帮助，让彼此都发挥出最大的潜力。

所以，为了你和恋人的幸福，请牢牢记住下面几点：

> 你的依恋需要是合情合理的。
>
> 你对最亲近的人有依赖感，这是正常的，是由基因决定的。
>
> 从依恋视角来看，爱情应该能增加你的自信，让你感受到心灵的平静。如果没有，那么很可能你的爱情处在亚健康状态。

最重要的是，做真实的自己。掩饰真实的感受、耍感情把戏，只会让你距离真正的幸福越来越远，还可能让你错失真爱。

这本书凝结着我们20多年的研究成果，希望它能对你有所帮助，帮你在爱情中获得幸福，在生活的各个方面都如鱼得水。采用本书的建议，按照本书提出的感情原则行动，你就不会在爱情的海洋中迷失方向，而是能够找到你的真爱，并且把它好好地经营下去，使爱情成为心灵温暖的港湾。

致　谢

在本书创作过程中，我们得到了许多人的帮助，在此一并表示感谢。首先，我们要感谢家人的无私支持，也特别感谢南希·多尔蒂（Nancy Doherty），她不仅参与修订本书，还不断鼓励我们，给予我们许多支持。

感谢我们的经纪人斯特凡妮·基普罗斯坦（Stephanie Kip-Rostan），她把我们介绍给塔彻（Tarcher）丛书的责编萨拉·卡德尔（Sara Carder），后者在本书只写出大纲的时候，就认可了它的价值，还给我们提出了许多宝贵意见。感谢整个塔彻丛书工作团队，他们非常优秀。还要特别感谢埃迪·萨尔法蒂（Eddie Sarfaty）、耶兹拉·凯（Jezra Kaye）、吉尔·马萨尔（Jill Marsal）、贾尔斯·安德森（Giles Anderson）和斯姆里特·拉奥（Smriti Rao）。感谢埃伦·兰道（Ellen Landau）和莉娜·韦尔代利（Lena Verdeli）对本书手稿的宝贵反馈。十分感谢齐波拉·卡萨奇科夫（Tziporah Kassachkoff）、唐纳德·切斯纳特（Donald Chestnut）、罗伯特·里什科（Robert Risko）、戴维·舍曼（David Sherman）、杰西·肖特（Jesse Short）、盖伊·克特尔哈克（Guy Kettelhack）、亚历山大·莱文（Alexander Levin）、阿里耶勒·埃克斯塔特（Arielle Eckstut）、克里斯托弗·古斯塔夫森（Christopher Gustafson）、奥伦·塔切尔（Oren Tatcher）、戴夫·沙米尔（Dave Shamir）、阿姆农·耶库蒂尔利（Amnon Yekutieli）、克里斯托弗·伯格兰（Christopher Bergland）、唐·苏马（Don Summa）、布兰奇·麦基

(Blanche Mackey)、利拉·利文斯顿（Leila Livinston)、米沙尔·马拉奇·科恩（Michal Malachi Cohen)、阿迪·西格尔（Adi Segal)、玛格丽特和迈克尔·科达（Margaret & Michael Korda)。尤其感谢丹·西格尔（Dan Siegel）针对手稿给我们的鼓励和宝贵反馈。

感谢与我们分享自身爱情经历和私密感受的志愿者们。感谢填写成人依恋问卷的反馈者们，还有给测试版本提出建议的人们，大家的反馈对我们有很大帮助。

如果没有依恋领域丰富的研究成果，我们也不可能写出这本书。对于这个领域做出突出贡献的研究人员，我们感激不尽。是他们把我们引入了一个新领域，给我们提供了看待爱情的新视角。

附录 1 

三种依恋风格的主要特质

回避型	安全型	焦虑型
若即若离。	忠实可靠，言行一致。	在恋情中需要大量亲密感。
极度重视独立，轻视依赖感。	有事和你一起谈，不做单方面的决定。	缺乏安全感，害怕被拒绝。
贬低你，或者贬低前任（开玩笑地贬低也算）。	对情感态度豁达。	没有恋人就不开心。
设法在情感和身体方面与恋人保持一定距离。	能顺畅交流感情问题。	为了抓住你的心，而玩弄一些感情把戏。
和恋人保持明确的界限。	两人发生争吵时，积极解决问题。	不说明自己为什么事生气，让你猜测。
对爱情有不切实际的浪漫看法。	不害怕承诺和依赖。	发泄怒气，而不想怎么解决问题。
不信任恋人。	不把感情当成苦差。	你稍微有点不高兴，他都觉得是自己的错。
对恋情有一些僵化的教条式看法，让你必须遵守。	亲密之后，更加亲密。	为了避免受伤，把感情的决定权交给你。
发生争吵的时候，回避问题，或者情绪火爆。	介绍朋友家人和你认识。	对恋情高度重视，心思完全被它占据。
始终有疏离感，很难弄清他的真实想法。	情感表达自如。	害怕你会嫌弃他，认为自己必须非常努力，才能得到你的青睐。
闭口不谈你们的感情状态。	不玩感情游戏。	怀疑你不忠。

附录 2

常见的焦虑型思想、情绪和行为一览表

思　想
猜测恋人的想法：我就知道他想离开我。
我再也找不到爱我的人了。
我就知道好景不长。
绝对化思维：我把一切都毁了。事事往坏的方向发展。
他不能这么对我！我要给他点颜色看看！
我必须和他理论。我现在一定要见到他。
他最好跪着回来给我请罪，要不他永远不长记性。
也许我冷淡一点，或者身材好一点，态度魅惑一点，他就会对我更好。
他真优秀，不会和我在一起的。
在吵架之后，冷静下来，想起恋人的所有好处。
吵架的时候，只能想起恋人的坏处。

情　绪		
· 伤心	· 难过	· 怨恨
· 自责	· 生气	· 失落
· 沮丧	· 忧虑	· 害怕
· 担心	· 抑郁	· 低落
· 无助	· 孤独	· 羞耻
· 自卑	· 绝望	· 失意
· 仇恨	· 埋怨	· 吃醋

（续表）

· 窥视	· 不安	· 不确定
· 敌意	· 防备	· 激动
· 突然亢奋	· 报复	· 心理记恨
· 被抛弃的感觉	· 被孤独包围	· 内疚
· 惭愧	· 没人爱的感觉	· 迷惘无助
· 自怨自艾	· 破罐子破摔	· 孤独
· 抑郁	· 烦躁	· 焦灼
· 被误解的感觉	· 无法交流	· 心神不定
· 忐忑不安	· 不被认可	· 沉默以对

行　为

脾气爆发。
不计一切代价复合。
打架。
等对方与你复合。
提出分手。
表现敌意，给对方白眼，显出鄙视对方的样子。
故意做一些事让对方吃醋。
不忙装忙，装作没时间的样子。
封闭自己，不和对方说话，不和对方接触。
试图操控对方感情。

附录 3

常见的回避型思想、情绪和行为一览表

思　想
绝对化的想法：我就知道他不合适，这不就是证明嘛！
我受不了太亲密。
他侵占了我的个人生活，让我受不了！
事事都要顺着他，恋爱的代价也太高了。
我喘不过气来了，我要去透透气。
如果他是我命中注定的灵魂伴侣，怎么会发生这种事情？
我和前任从来不会遇到这种问题。
揣测对方意图：他就是故意气我，这太明显了。
幻想和别人做爱。
我还不如自己过呢。
啊，他依赖感太强了，真是个可怜虫。

情　绪		
· 自我封闭	· 自我孤立	· 被误解
· 不愿解释	· 沮丧	· 悲观
· 怨恨	· 责备	· 生气
· 愤怒	· 敌对	· 抗拒
· 压力	· 压抑	· 冷漠
· 疏离	· 不被认可	· 满不在乎
· 空虚	· 孤独	· 被欺骗

（续表）

· 被利用	· 绝望	· 折磨
· 紧张	· 担心	· 鄙夷
· 轻蔑	· 仇恨	· 埋怨
· 烦躁	· 狂躁	· 自以为是
· 自视聪明	· 不信任	· 不理解
· 轻视	· 嘲笑	

行　为

大发雷霆。
站起来走人。
轻视恋人。
表现出敌意和鄙视。
批评对方。
封闭内心，和对方疏离。
尽量不接触对方的身体。
封闭自己的情感，不和对方谈自己的感受。
不管恋人说什么，都不听，彻底忽视对方。

附录 4

三种依恋风格的行为模式

焦虑型
采取防御行为。
头脑被激活策略控制，想复合。
把恋人当作偶像来崇拜。
感觉自己不如恋人。
争吵平息后，就忘了恋人的不好，只看到恋人的优点。
误以为剧烈活动的依恋系统是爱。
回避型
采取压抑策略。
混淆自我依靠和独立这两个不同概念。
自我膨胀，贬低恋人。
看不见恋人优点，只看到缺点。
认为恋人是故意找麻烦。
无视恋人的心理感受。
怀念幻影般的前任。
幻想梦中情人。
压抑感情，认为自己不爱恋人。
安全型
支持恋人。
不干涉恋人。

（续表）

鼓励恋人。
积极沟通交流。
不玩感情游戏。
关心恋人的感受。
与恋人坦诚相见，真诚勇敢地袒露心声。
关注眼前的问题。
争吵时，不攻击对方的人品。
未雨绸缪，在争吵升级之前，就照顾到恋人的感情需要。